AF298026

robert fouan-dabeaux

suite

internationale

IMPRIMERIE LANGUEDOCIENNE
1, rue de Constantine, 1
TOULOUSE

—

1928

Suite Internationale

4° Y² 3663

EN PRÉPARATION :

LA VIE D'UNE PRÉFÈTE SOUS LE II° EMPIRE.

L'ODYSSÉE POLONAISE.

Pour Jacques, mon frère.

Le cycle anglais

Un Prince regarde sa vie

<hr>

Pour S. A. R. le Prince de Galles.

Trois canards traversent lourdement la pièce d'eau gelée...
Dix heures... Et le doux ronflement de leurs ailes a réveillé
le prince blond. Sa tête se dresse, ovale cuivre et rose. Son
corps tiède et satisfait, s'étire félinement sous la soie polychrome d'un pyjama coupé dans la robe d'un Brahme. Il
hume l'air un temps; ses paupières se débrident; il regarde
on ne sait où... Puis tel un léopard charmant, il bondit de
son lit. Sa poitrine se gonfle; les muscles de ses bras se
crispent; ses jambes s'assouplissent, nerveuses, cadencées.

Il faut, dès le réveil, chasser la bête qui est en nous,
secouer les fièvres de la nuit; les blues, les Luigi cocktails
de l'Embassy Club... On doit refouler tout cela, s'agiter, ne
plus penser et... tâcher de sourire en regardant les trois canards. Ils sont bien gentils dans la brume légère de Saint-
James-Parck, tandis qu'ils lissent leurs plumes fauves devant
leur bungalow. Oui, très gentils à épauler... Et cela lui
rappelle des matinées de Balmoral, brouillards mauves, sur
les « moors ».... fox-terriers à poils durs auréolés de va-
peurs et tout mouillés de rosée..., bottes de caoutchouc,
trench coat... l'affût dans les marais, derrière les haies,
artificielles.. le froid vivifiant... N'est-ce point plus agréable,
en vérité, que de boire des alcools multicolores dans les
Nights clubs de Piccadilly. Maudit soit tout cela..., allons,
courage, souriez donc, ô Prince blond paré de toutes les féli-
cités terrestres, et qu'une jeunesse éternelle semble vouloir
heureusement menacer. Je vous en prie, ne soyez pas morose
à ce grand bow window. Et jetez ce masque crispé soudaine-
ment, de façon tragique, et rappelant curieusement celui de
Dorian Gray à la dernière page. Vous êtes cette « Thing
of Beauty » que John Keats a chanté dans ses vers. Déridez-
vous, ô ma royale altesse et sifflez donc un air de chasse,
comme vous savez si bien le faire, surtout quand vous courez
après la monture emballée d'un grand financier belge !

Mais non, c'est impossible : vous ne pouvez sourire. Et je pense aussitôt, comme Bossuet, je crois, à la tristesse des Grands...

*
* *

Le premier valet de chambre est entré sans bruit comme un homme d'Asie. Le Prince a saisi lentement la robe de chambre japonaise que lui donna, deux ans avant, son jeune ami Hiro Hito. Puis, d'un geste, il a écarté l'homme. Dans un coffret de jade rose, il cueille une rezskè très grosse et suffisamment parfumée. Lentement, il l'allume... Sa figure se détend... Puis, en ondoyant, il a glissé vers un cabinet florentin, souvenir du dernier voyage de la reine en Italie Alors un peu de wisky. Oh ! très peu.

Le valet, dans la salle à côté, prépare les haltères, les extenseurs, le punching-ball. Va-t-il obéir à cet appel ! Il hésite, puis va s'étendre sur un divan garni de soies des Indes, et de coussins de tous les pays du monde ; beaucoup de coussins, très précieux où son corps enrobé de crêpes nippons, fait très bien.

Dans la fumée particulièrement grisante de cette cigarette, vous rêvez, ô altesse charmante. Vous rêvez à la tristesse immense qui plane sur votre vie. Aucune autre, pourtant n'est plus variée, plus riche.

Il y a des voyages merveilleux, des chasses au tigre en Punjab ; des chevauchées canadiennes ; des promenades en sampang sur des fleuves asiatiques ; des fêtes nègres au Cap ; des croisières sur des mers lointaines... ; de magnifiques chasses au renard dans les vallons de Pau, de Biarritz, du Touquet ; des réceptions enthousiastes ; des cœurs par milliers, qui battent en vous voyant ; en vous évoquant : des cœurs d'hommes et de femmes !

Car votre prestige plane grand sur le globe ; prestige de grâce, de jeunesse, d'affabilité, de simplicité.

Oui, mais vous faites trop de choses ; vous avez tout souffert, vous avez joui de tout.

La même vie se répète, au fond. Revues, banquets, présidences d'assemblées, bals officiels, inaugurations de monuments, matchs de foot ball, course de chevaux... Oh ! assez. trop de choses. Et toujours la parade, le sourire conventionnel, les mêmes gestes : théâtre,

Je comprends maintenant votre mélancolie, les coussins, les volutes grises de la rezské.

Assez de tout ce programme : costumes que l'on doit mettre à telle heure, avec la cravate, le mouchoir, les chaussettes, les souliers ad hoc, avec... l'âme ad hoc !...

Hard Labour !...

*
* *

Oh ! galoper par un matin net d'avril, dans les longues prairies de votre ranch, proche des lacs canadiens... Humer à pleins poumons le grand espace, la vie libre ; vivre comme les aigles qui planent dans l'éther ; être soi... n'être plus le mannequin de Saint-James, mais le « farmer », « l'outlaw » qui fume le soir auprès d'un large feu de sapin, sa fidèle « Dunhill », entouré de deux ou trois amis et de ses chiens, après un long « riding » qui lui a fouetté le sang... Dehors, l'impressionnant silence blanc... Voilà de quoi ramener le sourire sur vos lèvres, ô Prince de légendes. Il le ramène un temps, très peu. Mais le masque revient. Il faut s'habiller en colonel de grenadiers pour onze heures quarante-cinq.

Punching ball, bain, massage et puis... en scène, en scène ! La pièce recommence.

Le cycle polonais

Fantômes Ruthéniens

La même pluie d'avril poudrait d'eau mon visage émerveillé de dix-neuf ans.

J'étais alors un gamin brun, déguisé en chevau-léger bleu, par boutade.

Je galopais insouciant, dans une même averse, sur cette piste sauvage, vers le château de Maliçe, au nom de langueur frivole.

Le comte Janusz Ludowski, dont j'avais été l'hôte ignoré, en 1919, conduisait un phaéton à grandes roues, type Far-West, en caressant de son fouet paresseux, un de ces chevaux de Ruthénie à crinière flottante, boudeurs, musclés, sournois et vites, comme le rat.

Sous la pluie obsédante, le comte grimaçait ; sa moustache blonde, alourdie d'eau, barrait drôlement ses joues fardées de rose par l'averse. J'aimais son profil de Werther impérieux ; la tristesse de ses prunelles vertes et sa courtoisie slave, faite d'on ne sait quel mélange d'urbanité naturelle et de froideur de neige.

« La sœur de votre grand Renan habita quelque temps, dans cet îlot de pins, là-bas, au-dessus de la gare de Werbkowice.

Elle fut la dame de compagnie d'une cousine de mon grand-père, la comtesse Z..., propriétaire de ce château de Clemensov : vous ne pouvez en voir les tourelles, sous cette sale bruine. »

Cette mélancolie mystérieuse, cette brume engourdissant mon être, se résorba soudain à ce cher souvenir : l'auteur de *La Vie de Jésus* planait sur ce coin de Ruthénie.

Et ce nom prodigieux, ce nom breton, lancé comme un caillou étincelant dans le ciel gris, me forçait à relever la tête, sans prêter attention aux cravaches de l'eau, qui cinglaient mon front nu.

**

Le retour, en ce coin perdu de Pologne, que je voulais inoubliable, je l'avais, enfin !

Les impressions fébriles, analogues à celles de Loti, allant chercher dans Eyoub, le fantôme d'Aziadée, et que j'avais imaginées dans le sleeping Paris-Varsovie, venaient, visiteuses attentionnées, me recevoir avec des gerbes d'or...

... Car, moi aussi, j'allais chercher une ombre.

**

Joie de mes dix-neuf ans ; baies vitrées du salon en rotonde ; toile presque effacée de l'aïeule du comte Ludowski enrobée de satin de gel, alourdie de diamants : princesse Kathya de Hrubieszov, caprice d'une année de Stanislas Leczinski.

... Parc chéri, où dans les allées noircies de crépuscule, j'allais cacher mon premier amour...

... Marais voilés d'ombres exquises, comme en voit, emprisonnés dans ces peintures de Ruysdaël, reflets de la Hollande triste, je vous retrouvais avec joie.

**

... Après dîner, sous le charme de l'heure lénifiante et tiède... Le comte Ludowski, m'explique avec passion tous ces trophées de chasse, semés un peu partout sur les murailles du vestibule : « ... Le dix-cors, est un coup de fusil de mon père, en 1890, un matin de novembre avec Szienkievicz, l'auteur de *Quo Vadis*... Ce gros loup empaillé, près de la crédence florentine ! c'est une victime de ma grand'mère. Elle l'abattit de son traineau, aux environs de Cracovie, revenant d'un bal... La hure du solitaire vient d'une chasse chez ma cousine Z... Quant au corbeau neurasthénique, perché sur le bahut Queen Anne, c'est mon premier gibier, avec un Flaubert, dans le parc, à quinze ans : époque, où je faisais de mauvais vers pour Marie Bashkirtseff !...

*
* *

Le grand poële en faïence rosée, donnait à cette heure nocturne une séduction particulière, où le thé au citron et la chanson du samovar en or apportaient leur poésie rêveuse.

Cette résignation maladive des Polonais, je la retrouvais, lorsque vous me narriez, cher comte, du ton d'un récit de voyage ou de chasse, les trois pillages successifs du château de Maliçe.

Pendant que les Autrichiens, les Allemands et les Ukrainiens emportaient vos meubles Biedermeier, vos vaisselles d'argent et d'or, vos gouaches italiennes, vos bronzes et vos toiles célèbres, que faisiez-vous ? : du bobsleigh à Davos, en compagnie de belles florentines ou des flâneries romantiques aux environs de Montreux, dans les champs de narcisses.

Vous n'avez retrouvé, en revenant chez vous, que le tableau de cette jolie bisaïeule, préservée par son passé frivole, et la piété des serviteurs fidèles qui avaient pu l'enterrer dans un coin de ce parc, au pied d'un érable panaché.

Unique survivante des rapines de la guerre, vous souriez toujours, au-dessus d'un tric-trac en citronnier très pâle

Environné de la fumée des cigarettes slaves, à longs bouts de carton, le comte Ludowski, me confiait de sa voix musicale, entre deux gorgées de vodka : « Je songe à votre arrivée de jeune chevau-léger sous la pluie d'avril après un long voyage à travers l'Allemagne et la Pologne; à cette demeure géorgienne, d'un attrait si prenant, avec son parc spleenétique, ses allées enneigées de fleurs d'acacias; à ce village maudit, puisque condamné à mort par le typhus; et à ces corbeaux prématurés, en route vers les champs de bataille, croassant dans le ciel de printemps... »

J'aurais voulu toujours vous écouter, ô subtil amoureux de Marie Bashkirtseff, dans cette griserie de tabac opiacé et d'eau-de-vie de pommes...

*
* *

Dès le chant des oiseaux, j'ai bondi de mon lit. Jardin de mes vingt ans, je voulais me replonger dans votre charme, renouveler mon âme, m'imbiber de cette jeunesse d'alors...

Il faisait enivrant et bon. Le parfum d'eau des feuilles et des écorces, dilatait mon cœur. Il y avait un soleil pâle au-dessus des marais.

Olympio de Maliçe, je voulais tout revoir : la statue d'Appollon, au carrefour d'allées; la rivière paisible entre les hautes herbes où luisaient les « czerniecks », ces fleurs d'or que j'aimais. J'en ai cueilli un bouquet tout mouillé de rosée, pour apaiser la fièvre de mes tempes : des fantômes revenaient, tout en humant leur fragrance lourde.

... Petite ruthénienne de douze ans, indécise, un matin, sur le bord du ruisseau, où je lavais ma gamelle, et qui, très bravement, fardée de honte et... de plaisir, se résigna à me montrer ses cuisses d'androgyne, pour traverser à gué, où êtes-vous, à présent ?...

Et l'isba proche des écuries, où piaffaient autrefois les purs-sangs Tag, que montaient Sienkievicz, venu se documenter ici pour écrire le « Déluge » : cette isba de Stacha, le fantôme que je venais chercher !

Stacha, souple comme narcisse des prés, lorsque, très vive, tu marchais à ma rencontre sur le chemin de l'église, où te trouver !

Le couchant mettait des flammes immobiles sur les fenêtres du Juif Eliezer. Et tu marchais, pieds nus, sur la terre écarlate, serrée dans ce châle brodé, souvenir de Zamosc, avec son tablier blanc teinté de rose pâle, au soleil. Tes prunelles noires, ton visage aminci de tristesse, n'était-ce pas, celles et celui d'une vierge de Cimabué !...

O soirs de Ruthénie, où je t'aimais, Stacha, pendant que l'église, à l'ombre du vieux marronnier, criait son nocturne de bronze; que tes amies riaient, en rentrant de la steppe, après les fenaisons; que le soleil allait mourir derrière les marais;

O soirs de Ruthénie, poignardés de cris de corbeaux, vous m'étiez doux !

*
* *

La porte était entrebaillée... Personne...

... Ambiance funèbre des lieux abandonnés, alourdie d'aromes moisis, trop chauds et iodés...

Le silence effarant... Seule vie : la grande marmite, avec sa chanson d'eau... Dans une théière de porcelaine noire, une essence de thé sommeillait...

Cette impression de vide m'assombrit tellement que j'essayais de la refouler en m'évadant. Une branche cassée tomba derrière moi. Dans le malaise de mon âme, je crus soudain entendre le Winchester du commandant d'A... lorsqu'il se distrayait, après le déjeuner, à tirer des corbeaux.

Tremblant d'une frayeur puérile, je m'élançai dans ce large chemin, conduisant à l'église et qui semblait une avenue prolongée du parc.

Voici l'église, au style rococo. Il y a le même marronnier, le même rail de tortillard, au bas des marches.

Stacha, fantôme troublant, où te chercher ? Au pied de l'autel ? La porte en était close. Au cimetière ? Ce pré non clôturé, fleuri de croix de bois blanches et noires, près d'une mare... Un cheval anémié, humait l'eau sale, à gorgées lentes.

Je reconnaissais le grand calvaire en bouleau tordu, inégal et tragique, mais beau comme devait l'être sûrement, celui du Christ au Golgotha. Protectrice des tombes, oiseau de mort, funèbre phare, au bord de la steppe immense.

Il y avait un désespoir de femme, recroquevillé, devant une des tombes : une robe sombre et déchirée de paysanne pauvre. Celle-ci tenait serré, sur sa poitrine, un enfant maigre et disgracieux autant par sa laideur que par ses cris.

Au bruit des pas, je la vis se dresser, en étreignant plus fort le bébé.

Oh ! ce regard limpide et noir, le même que celui d'autrefois ! Oui, celui de Stacha ! Mais une mascarade navrante. Je refoulais des larmes, indignes, en vérité, de celle qui pour moi, était une sœur jumelle de ces madones d'Italie.

Petite fée des steppes, lorsque tu dansais avec un guerrier de vingt ans ! Quand je sentais ton corps énervé de désirs ; quand nous buvions le même thé, chez cette vieille Juive qui ressemblait à Sarah Bernhardt ; quand ton rire gamin me faisait oublier l'odeur fade et trop chaude de l'isba !

Ce pélerinage, désiré, inoubliable ! avait perdu toute saveur.

... Loti n'avait trouvé qu'une tombe encore fraîche au cimetière d'Eyoub.

Mais moi...

Heureusement, elle ne reconnut pas le jeune chevau-léger : il y avait devant elle, un homme mince et dur, aux tempes déjà grises.

Brusquement, j'eus un réflexe effrayant. J'ai failli détruire cette caricature sinistre. Oui, j'ai voulu, une seconde, la punir pour toujours d'avoir anéanti mon rêve.

Et je fuyais, tête baissée, dans l'éblouissement du soleil de midi, je fuyais ce désir meurtrier.

*
* *

En vain, je m'enfonçais, Olympio acharné, dans le parc d'autrefois, pour raviver le charme anéanti au cimetière.

Je ne découvrais plus les vibrations de ce matin.

Ce petit coin ruthénien m'était inconnu désormais ; il me fallait le réapprendre.

Folie puérile, que de vouloir rajeunir son cœur en revenant aux ardeurs passées.

On s'empoisonne davantage à cette expérience : on y vieillit, ce qui est pire !

Meurtri, déçu, j'ai quitté quelques heures après ce château de Maliçe, pour tâcher de rafraîchir mon cœur aux neiges des Karpathes.

La petite fille aux czerniecks

Mario-Soubise, vaguemestre français au 1er chevau-léger, en garnison volante, à Dabrova, grimpa sur une locomotive qui se rendait chaque soir à Zabkovice, pour aller chercher le courrier du régiment.

Sur la dernière voie de garage un train blindé dormait sous sa tôle kaki. Le lieutenant Andréas Brzetovski, comandant de ce train, se reposait depuis un mois des raids glorieux en Ukraine. Il avait élu domicile dans un long wagon à boggie, passé à la réserve et privé de ses compartiments.

Et chaque jour, dans ce home roulant, l'officier polonais donnait un thé-poker à ses trois hôtes habituels : Mario Soubise, sa maîtresse Lullia et Joe Hieronime Huttkean, milliardaire de New-York, venu se perdre en ce coin sauvage de l'Europe du Nord, pour diriger, en qualité de simple sous-officier, l'Y. M. C. A. de l'endroit.

Brzetovski était un gars de deux mètres de haut, à teint brûlé par une vie consacrée à la guerre et aux femmes ; avec des yeux bleus très cruels et très doux. C'était un fort joli garçon, à la verve facile et parfois poétique, parlant aussi bien français que M. Abel Hermant et André Gide, et dont la compagnie faisait courir le temps trop vite. Mais une infirmité bien regrettable venait nuire à sa séduction : tare quasi inaperçue, car Andréas n'avait pas cette coquetterie ridicule de ne jamais sourire ou de parler, bouche mi-close, afin de cacher ses dents atrocement pourries. Moqueur impénitent, Hiéronime souvent confiait à Mario : « Brzetowski est réellement un très épatant vieux garçon, mais il a tort, en se lavant, de mettre du Roquefort sur sa brosse à dents ! »

Quand Soubise monta dans ce salon de fer, Andréas entonnait à tue-tête, l'hymne farouche de Pologne. En bras de chemise, col échancré sur une peau rosée de femme, fumant à sa vieille pipe un délicieux tabac de Virginie dont il avait ficelé au poignet un sachet de toile blanche, il avoua simplement que sa joie de gamin venait de l'équipement neuf reçu, la veille, d'Amérique. Il fit admirer ses culottes élégamment coupées, ses molletières de toile et ses souliers de cuir souple. D'un index atrophié par une blessure de guerre, il montra, en riant, finissant de brûler sur le gravier du ballast, l'ancienne tenue vert de gris, rapiécée : celle du soldat mendiant, disait-il.

Soubise aimait ce wagon baptisé le « studio » par ce farceur d'Huttkean ; la bruissante musique du thé dans la bouilloire bleue ; les croquis naïfs, au stylographe, racontant la guerre en Ukraine et plaqués au mur de bois avec des punaises rouillées ; le portrait jauni et vérolé de points de mouches du maréchal Pilsudski ; la « Bogu Rodzika », la vierge brune de Czentochowa, encadrée de métal noir, souriant sous son verre, avec une grâce boticellienne ; et puis, les revolvers d'ordonnance, pêle-mêle avec des lorgnettes, des cartes d'état-major, des crayons de couleur aux mines agonisantes, des grenades à cuillers, des sabres et des livres, en vrac, de tous les écrivains du monde essaimés un peu partout. Hiéronime était déjà là, faisant une réussite en sifflant « Swanee ».

— Vous êtes seul, ce soir, demanda Andréas, en ramassant les « Chlopi » de Reymont qui venaient de tomber.

— Lullia ! Je ne l'ai pas vue d'aujourd'hui. Je ne sais pas ce qu'elle fabrique. Elle a bien changé depuis quelques jours !

— *Beware of Chu chin chow*, fredonna narquoisement l'Américain en brouillant son jeu. Mario haussa les épaules et s'en alla fumer devant une des baies. Alors, Brzetowski dans un sourire de trente-deux émeraudes, et en sucrant sa voix :

— Et bien, je vais faire la jeune fille !

Ce disant, il commença de disposer sur le tapis orange de la table, les tasses de porcelaine rouge. Le milliardaire qui avait des idées assez inattendues, mit au gramophone le monologue des « Petits Soldats » qui remplit le wagon du timbre d'or de Sarah Bernhardt.

A la vitre sale, Mario, tout triste, rêvait ; devant lui, après la haie clôturant la voie ferrée, ondulait un vallonnement charmant vêtu par l'été d'une herbe fauve, où le soleil près du coucher, laissait traîner un brouillard blond. Deux télégraphistes militaires, en salopettes et schapskas, descendaient la pente en chantant, avec des piles et des crampons. Un gamin loqueteux courut leur proposer des « papyrosses ». Plus loin, proche la cantine américaine, des Sammies, demi-nus, jouaient au base-ball.

Les paupières du jeune homme se gonflèrent d'inquiétude, puis, brusquement, se détendirent aux souvenirs de choses anciennes qui défilèrent...

... Un mois avant... Une matinée de juin, il avait rencontré, pour la première fois, cette Lullia si en retard ce soir au rendez-vous... Une chaleur de midi cuisait les nuques à faire éclater les casques... Devant les écuries du régiment, l'enterrement d'un mineur passait, précédé de l'orphéon syndical qui jouait avec beaucoup d'âme un funèbre de Chopin.

Dans cette atmosphère de mort et de soleil, elle lui était apparue sauvage et nettement sensuelle. Un foulard de soie jaune serrait sa tête à cause de la poussière, et son corps de seize ans, presqu'à peine formé, se mouvait flexible sous le corsage lâche aux manches relevées; la courte jupe bleue laissait voir très haut des jambes d'adolescente en bronze clair poli; ses grands yeux marrons et malicieux étaient si peu ceux d'une nordique, en sa figure ambrée, que Soubise se rappelait avoir eu froid comme en hiver, dans l'air suffoquant d'été. Près du hangar, où elle aidait à enlever de vieux débris, elle lui avait donné de sa main salie le lilas mauve de son corsage, fleur maintenant fanée, sommeillant au bureau dans une boîte en laque.

Depuis ce jour, ils allaient chaque soir dans le bois de Gonolog pour se griser du parfum résineux des arbres. Lullia courait, ainsi qu'un jeune chien, sans jamais meurtrir ses pieds aux blondes aiguilles des sapins; se vautrant dans les herbes avec la lascivité d'un bébé léopard ou roulant du haut des talus rouges.

S'était-elle attardée près des marais pour cueillir des « czerniecks ». farandoles safrans de fleurs qui chassaient son masque grimaçant et rieur, pour lui en coller un grave et mystique d'icône ! Lullia, petite fille aux « czerniecks », ce wagon paraît mort sans toi. Es-tu restée à bavarder chez ta cousine Loth, la repasseuse rousse qui habite une isba aux murs bleu de ciel, dans le quartier yiddish !

« Hullo boy, cria Huttkean, le thé va refroidir. Ah ! ces femmes ! Damn ! Allons, vieux garçon, venez. »

« Vous avez très raison, Hyero, damnées soient-elles, renchérit Brzetovski, en essuyant sa cuiller avec son mouchoir kaki. Elle ne valent pas cher et je leur garde une terrible rancune depuis une mésaventure arrivée à Lemberg. Permettez, mes amis, que je vous la raconte.

« Mon train blindé devait rester une huitaine en gare. Aussi je m'étais précipité vers le haut de la ville, embrasser ma sœur bien-aimée que je n'avais pas vue depuis deux ans et qui était capitaine, je vous prie, dans le fameux régiment d'infanterie de femmes qui défendit héroïquement Leopol contre les Ukrainiens. Par malheur, sur le palier d'un escalier de la caserne, je croisais une superbe femme-soldat (un sous-officier) sur le point d'entrer dans sa chambre. Par Mazeppa, c'était une Minerve. J'étais resté un mois sans descendre de wagon. Alors..., à la cosaque..., je bondis et réussis à m'enfermer chez elle, jetant la clef par la fenêtre. Mais un combat s'engagea, effroyable.

« En vraie amazone, elle détestait les hommes. Nous roulâmes à terre, en un corps à corps qui aurait, je crois, tenté le ciseau d'un sculpteur, car l'oiselle était aussi musclée que moi. Quelques instants après, j'avais la figure zébrée de coups de cravache, la bouche en sang, les yeux en compote et cet index brisé par ses mâchoires de louve. Une fantassine ébouriffée, ayant enfoncé la porte, je dégringolais dans l'escalier, où je butais dans ma sœur, attirée par le bruit. Elle se mit dans une colère épouvantable et me menaça d'arrêts de rigueur. Elle était dans son droit, puisqu'elle était capitaine et moi lieutenant ! Savoureux, n'est-ce pas !

« Mais, croyez-moi, n'aimez jamais une femme-soldat ! Cette histoire m'a dégoûté du sexe faible pour un temps. »

« Eh bien, on fait un pott ! » dit-il pour faire diversion.

Au même moment, la portière, brutalement ouverte, laissa entrer une dernière clarté de soleil, et Lullia. Celle-ci apportait avec elle, dans ce wagon de crépuscule, une odeur de menthe sauvage et de gazelle. Ses narines tremblaient, ses yeux de bronze luisaient, farouches ; et ses paupières, ombrées de cuivre rose, battaient fébrilement, en même temps que son petit cœur sous l'étoffe jaune.

« Ah ! enfin, la voilà, crièrent-ils ensemble. »

Sans mot, sans bruit, elle avait glissé vers la table, où elle jetait un énorme bouquet de czerniecks, tout mouillé. Et, dans l'arome qui fusa, on vit ses dents très blanches, étroitement serrées.

Câline, elle s'était mise contre Mario, la tête à son oreille. Mais il ne bougea pas. Andréas, surpris, donnait les cartes avec une féline et patricienne souplesse, surprenantes pour ses mains calleuses et velues.

Huttkean broyait avec méthode un citron dans sa tasse.

Peu à peu le soleil baissait, envoyant par les baies, une lueur mystérieuse, très pâle et trouble, comme celle d'une veilleuse à l'agonie dans une chambre de malade, et faisant danser sur les dessins des murs, des lignes de lumière,, évoquant des vagues irréelles.

Dans le silence embaumé de czernieks, un train passa, rapide, avec une clameur aiguë. Les parois du wagon vibrèrent avec les vitres, les cuillers et les pions. Lullia, secouée par cet ébranlement, se mit à rire sans propos et chercha furieusement les lèvres de Mario, Indifférent, il se laissa faire.

« Allons, dit l'officier polack, en abattant un full aux as par les rois, les tourtereaux se boudent. Embrassez-vous pour de bon, et que ce soit fini. « Proche », Lullia, sers-nous le thé. Mon pauvre Soubise, le seul remède aux brouilles de ménage, est bien facile. Il est dans la maison de la « Bogu Rodzika », à Czenstochowa. Un de ces jours ensoleillés, tels les Julien et Mireio, du grand Mistral, faites un pèlerinage aux Saintes-Maries de la Mer polonais. C'est la ville des miracles. Le cœur étourdi et inquiet de votre amie en reviendra guéri. »

Balançant des hanches, devenue plus sage, Lullia revenait remplir les tasses. Tandis qu'elle fermait la bouche et les paupières, sous la vapeur de la bouilloire, Mario la regarda plus tendrement.

Alors Huttkean, cessant pour une fois de plaisanter :

« Venez donc dimanche avec moi. Je vais arbitrer un match de rugby, entre le 3ᵉ lanciers de Grodno et mes vieux boys de l'Y. M. C. A. »

II

Lullia avait mis son costume national, qui la faisait ressembler, avec sa jupe rayée multicolore, ses colliers de verre bleu et rose, son turban de soie rouge, à un très joli berlingot. Le train les emportait tous trois dans un soleil glorieux et de bien mornes paysages en sapins et marais. En face d'eux, un officier de tirailleurs français, à barbe blanche, ronflait, la chéchia sur le nez. Une religieuse, aussi obèse que Fatty, dormait sur son rosaire, deux mouches amoureuses frétillant sur son nez rouge. Un vieux juif maigrichon, en gris perle et gants jonquille, s'abrutissait sur le cours des changes d'un journal hébreu. Et la jeune file, en tripotant les boules de couleur de son cou, murmurait à Soubise, tout bas : « Tu sais, Mario, ce n'est pas de ma faute, si ces jours-ci, je ne crie plus, je ne ris plus...

« Cette semaine, c'est l'anniversaire de mes pauvres parents, fusillés en 16 par les Autrichiens. C'était un matin de février. Il neigeait en bourrasque. Sous prétexte qu'ils ne voulaient pas vendre des œufs aux soldats, on les fit mettre le long du mur bleu de l'isba. J'avais les pieds trempés dans mes bottes percées. Lorsqu'ils tirèrent, je me suis évanouie dans les bras du soldat qui me tenait. Le soir, en revenant chez moi, avec ma cousine Loth, nous vîmes les cadavres dans les marais aux czerniecks. Je vois encore la tête de ma mère, enfonçant peu à peu, avec un bruit flasque dans la boue. C'est pour cela que j'aime tant ces fleurs qui poussent sur leur tombe. Alors, Mario. Alors, Mario, c'est bien fini. On ne fera plus l'œil méchant ! Brzetowski a eu une bonne idée de nous envoyer à Czentoschowa. J'y suis allée déjà une fois à huit ans avec maman. C'était un grand jubilé. Il y avait des Allemands, des Russes, des Hongrois, des Italiens, des Serbes, des Tchèques... Je me rappelle d'un Italien qui me donna une rose rouge et une image de vierge de son pays, en me disant que j'étais jolie ! »

Poussif et lent, le train roulait, crachant une fumée rose par la cheminée en bonnet de cosaque de sa locomotive, s'arrêtant trop longtemps dans des gares mélancoliques, pavoisées de branches de sapins en l'honneur du passage du général Haller et devant des quais noirs de Juifs sales.

L'israélite en gris tourterelle essuya ses binocles avec un mouchoir de dentelle déchirée; quatre mouches vinrent faire une promenade sur le nez de la sœur. Et, vers midi, ce fut Czenstochowa.

En descendant, Lullia était si belle, si pâle que les yeux boursouflés des yiddishs clignaient, autant éblouis par elle, que par le soleil.

Dans l'atmosphère pesante de deux heures, après le déjeuner, ils montaient par les jardins en terrasses où les roses essayaient de mettre de la fraîcheur. Et, soudain, ce fut le grandiose couvent de Jasna Gora, tout noir sur le ciel d'or, faisant penser à quelque Mont Saint-Michel égaré dans ce coin de Pologne. Soubise eut le même frisson qu'il avait éprouvé, trois années avant, en visitant le monastère de Saint-Ignace de Loyola : la même fébrilité mystique, engourdissante et fastidieuse.

Dans la chapelle de la Vierge, aux marbres bruns et roses, ils s'agenouillèrent devant le tableau célèbre de la Madone qui sourit derrière son rideau d'or et d'acier. Une force mystérieuse émanant du parfum lourd des vierges, de l'encens refroidi et du froid brusque des murailles les accablaient doucement. Lullia priait avec un sifflement qui plaisait à Mario. Il essaya de balbutier une oraison d'enfant. Puis, atténuant leurs pas ainsi que dans une maison mortuaire, ils continuèrent leur visite. Après la sacristie et ses reliques, le réfectoire aux voûtes ogivales et aux fresques naïves, la bibliothèque où ils n'osèrent pénétrer, car des moines y lisaient comme dans les enluminures du Moyen-Age, ils se trouvèrent dans la Sala Rycerska, la salle capitulaire. Et, tout de suite, il y eut un cri de Lullia qui fit se retourner au pied de la chaire de citronnier un soldat de l'armée Pilsudski, un grand diable à visage émacié et yeux bleus d'halluciné, comme on en voit dans les toiles du Greco.

« Piotr !... »

Elle rugit presque ce nom. L'inconnu la regarda un moment, abasourdi; fut sur le point d'aller vers elle, puis les traits décomposés, le regard douloureux, s'enfuit en rayant de ses souliers cloutés les losanges blonds du parquet.

« Piotr, répéta-t-elle en courant derrière lui. » Mais l'homme avait disparu par une porte en moleskine.

« Qu'est ce soldat, fit Mario de mauvaise humeur !

Lullia, le corps secoué de tremblements, l'œil fixe et perdu, murmura faiblement :

« C'est... mon fiancé... que je croyais tué... par les Ukrainiens. »

Soubise, ému de la voir tant souffrir, n'osa plus rien lui demander.

« Pourquoi est-il parti, mon Piotr ! A cause de toi, sûrement ! »

Elle s'assit, anéantie, dans une stalle de confessionnal. D'une voix sourde, brisée, elle expliquait : « On nous avait fiancés depuis que nous étions petits, nous jouions dans la steppe ensemble. Je me souviens d'une nuit d'avril, où, près de ce même marais où dorment mes parents, il m'avait fait, sous la lune, une couronne de czerniecks. Puis, s'étant accroupi, il m'avait embrassé follement les genoux. Et de joie, sans comprendre, j'éclatais en sanglots. J'avais treize ans. Il y a quatre ans de cela. On m'avait dit qu'il était mort au printemps dernier, aux environs de Brody. Piotr... Mario... je voudrais te dire que... »

Mais, dans le confessionnal, elle avait roulé évanouie, faisant vibrer le bois ainsi qu'un violoncelle qui tombe.

*
* *

Grand bal costumé à l'Y. M. C. A. pour fêter la victoire des vieux boys. Six à zéro ! Glorious, my dear.

Dans la salle d'honneur de l'école où se faisaient les distributions de prix, Huttkean, vêtu en Dante Alighieri, recevait majestueusement ses hôtes à la grande porte. Ah ! la singulière mascarade ! Le milliardaire ayant eu l'idée de convier tous les militaires des environs, c'était la plus surprenante exhibition de déguisements. Il y avait des télégraphistes en treillis bleu et le chef empenné de plumes de poulet ; un artilleur, danseuse sévillanne, drapée dans un vieux rideau volé à l'épicerie du juif Melchisédeck ; deux américains de six pieds, en bébés au maillot ; un chevau-léger habillé de marcks et de couronnes. Mais beaucoup de soldats étaient restés dans leur tenue de guerre, et, de l'avis de ce facétieux d'Huttkean, c'étaient les mieux déguisés de tous.

Minuit tintant à l'église de brique, à l'heure où Londres, en habit noir et en lamé, applaudissait sa jolie maman, Mario, en gaucho très exact, fit son apparition avec Lullia. Mais une Lullia plus pâle que le jour de ce pèlerinage à Czenstochowa, une enfant désolée et meurtrie; elle portait la même robe éclatante qui avait vu Piotr dans la grande salle. Ses yeux étaient cernés de mauve, ses joues étaient creusées. Car elle souffrait en secret, torturée par un dilemme dont elle ne pouvait trouver la solution : resterait-elle avec Soubise ou rejoindrait-elle son fiancé! Valait-il mieux mourir!

Un secrétaire de l'état-major de la division martelait des fox-trotts au piano délabré en se déanchant comme un juif à la synagogue. Un américain l'accompagnait de son banjo.

Et il fallait les voir tous ces guerriers, les uns azur, les autres jaune ou réséda dans le désordre et la brutalité de leur joie.

Brzetowski était magnifique en Kosziusko blanc brodé d'écarlate. Mais il devait déjà avoir bu force vodka, car il avait mis ses bottes rouges sur la table. L'auteur de la *Divine Comédie* faisait danser Lullia tout en faisant faire la même chose à sa couronne de lauriers. Quant à Soubise, il entourait avec passion, de son lasso, la taille d'une juive crêpue.

Dans ce chaos de musique, de cris, de bousculades, Lullia ne savait plus très bien où elle se trouvait. Les rumeurs de cette fête lui parvenaient comme dans un rêve. Elle n'écoutait plus l'Américain, dont l'œil égrillard la dévorait. Une angoisse inconnue la paralysait. Elle continuait de se laisser guider dans cette houle en rut, engourdie peu à peu par une fièvre qu'elle ne comprenait point. Un vertige la prit; tout dansa dans sa tête : couples éméchés, piano, banderolles de drapeaux s'entrecroisant au plafond, cordons d'ampoules électriques, tables, à la manière d'un Picasso.

La vue de Mario, ivre à souhait, et très à son affaire avec la petite isréaëlite, la remit d'aplomb d'un coup. Lorsqu'elle le vit, ligotant sa partenaire de son lasso, en riant à gorge déployée, elle désira mourir.

S'arrachant d'un tango avec Huttkean, elle essaya de courir vers son amant. Après bien des efforts, pour traverser la foule des danseurs, elle arriva près de lui, suppliante. Le jeune homme, dans l'insouciance de l'alcool se mit à l'injurier et la bombarder de roses de papier.

« Mario! Mario! gémissait-elle. Partons. Laisse donc cette fille! »

Mais celui-ci répondit par un sourire niais et sans plus s'occuper d'elle, continua d'enrouler méthodiquement de son lasso, les seins de la juive.

Elle chercha dans le délire de la salle, un point d'appui, un ami vrai. Peut-être Brzetowski ! Hélas, l'officier polonais ronflait, la tête baignant sur la table empoissée de liqueurs ; Hyeronime vidait un flacon de whisky et s'affaissait dans sa lévite verte, pantin disloqué, perdu dans les brumes bachiques..., et sans doute l'Enfer.

Elle se sentit toute seule, la pauvre petite, à la merci de ces grands soldats avinés. Elle se vit déjà terrassée par un de ces gaillards. Prise de panique, accrochant à un coin de la table un de ses gros colliers de verre, où il se rompit, elle s'enfuit du bal, phalène rouge, palpitant dans la nuit chaude de juillet.

. . . .

L'aube allait mettre sa lueur trouble aux vitres lorsque Mario Soubise se réveilla sur le corps endormi de la juive. Encore gris, il essaya de regarder dans la salle, à peu près vide maintenant. Mais il ne trouva plus la robe de Lullia. Alors ? Son cerveau était si embrouillardé qu'il lui était difficile de le faire travailler. Il put néanmoins découvrir sous une table les grains brisés du collier bleu qu'il connaissait bien. Que penser ? Un soldat enivré l'avait sans doute emmenée dehors. Il fallait qu'elle se soit débattue, pour que, sur ce plancher, il y ait des débris de verre sombre. Une peur l'agrippa. Il alla secouer du pied ses deux amis qui voyageaient dans le plus beau de tous leurs songes. Ils l'injurièrent copieusement Au bout d'un moment, ayant réussi à s'évader des régions noires, ils le suivirent dans la nuit bleuissante. La fraîcheur douchant agréablement leurs têtes lourdes, dissipa les nausées naissantes.

Sans savoir où ils allaient, la démarche incertaine, ils traversèrent la voie ferrée ; et poursuivirent leur chemin, butant à chaque pas, avec des grognements sourds. Leurs tempes bruissaient.

Soudain, leurs pieds s'enfoncèrent dans des herbes spongieuses.

« Le marais, fit Brzetowski, la voix pâteuse. »

Huttkean, saisit brusquement le bras de Mario et lui murmura, gravement : « Regardez ! »

Sur l'eau mortelle, où la lumière du matin mettait une écharpe soufre, un foulard de soie rouge, à demi-enfoncé dans la vase, s'agitait avec un pan frémissant de robe accroché aux roseaux.

En regardant plus près, une poignée de cheveux blonds paraissait, figée à la surface.

Soubise ne se rendit pas compte d'abord... Puis son dos se voûta, ses narines s'entr'ouvrirent. N'en pouvant plus, il s'effondra à genoux pour pleurer, dans les herbes fatales où il y eut un bruit de gros baiser. Tout vacillait dans son cerveau. Le chagrin l'enivrait à nouveau. Un mal atroce encercla son front, ses yeux. Il eut envie de vomir. Ce ne fut qu'un râle.

Derrière lui, malgré leur travesti, le Koscziusko et le Dante n'étaient pas ridicules. Car, eux aussi, pleuraient. Un soleil vert et bleu, couleur de corps noyé, éclairait le trio baroque.

Un officier de dragons français passa au grand galop le long du ballast.

Lullia qui s'en était allée retrouver ses parents, dormait dans sa robe éclatante, au fond de la boue noire. Son linceul mouvant était brodé et parfumé par tous les czerniecks d'or, ces fleurs des marais si aimées d'elle, qui, dans la brise d'aube avaient, en se froissant, l'air de pleurer aussi...

Soliloques d'Archange

Pour M. Jean Cocteau.

Cyprès de Villa d'Este ou de Ludovisi
Cèdres bleus de Syrie ;
Pins parasols landais ;
Bouleaux de Posnanie ;
Forêts d'opéras wagnériens ;
cirque de sable blond, où surgit un château
Géorgien, de légendes : harmonie de grès rose et blanc ;
Pelouses d'Oxford : biches graciles mais
qui ne parlent pas grec ; prismes de fleurs ;
Parterres royaux de Versailles ; sous-bois de Richmond
où rêvait Tennyson, jardins plus merveilleux
que ceux de Sans-Souci, Ferrières ou Balincourt,
Lévriers noirs, lévriers d'or, lévriers gris, lévriers de neige
échappés de palais vénitiens : ô Feu de d'Annunzio :
Passions de Jacques Boulenger ; Waerloo cup —
Pièces d'eau verlainiennes, jets d'eau, margelles
en bronze, naumachies athéniennes, d'Hubert-Robert ;
Pléiades de statues, dont s'enorgueillirait le
British Museum, le Louvre ou le Prado ;
Buissons d'hortensias, chers à de Montesquiou ;
Pergolas d'Arnaga ; citronniers d'or du Cap Martin,
qu'aimaient Maria Star ; grâce égarée des jardins
de l'Achilleion, irréelle vision de fumée d'opium
ou de cinéma ;
Parc et château de Zydcwo
je vous hais, je vous hais,
car votre propriétaire, la comtesse Szolska
me méprise et me raille.
Après cette nuit incendiée de vodka, de caviar
et d'amour point, hélas,
je fuis, l'aube venue, sur mon Bréguet fidèle,

dans un pyjama d'or, souvenir du Lido,
pour chercher dans l'éther, et dans l'abeille
de l'hélice, une berceuse pour mon cœur.
Châtelaine arrogante et jolie, suzeraine
puissante de ce fief posnanien, que vous faites
souffrir l'archange que je suis :
J'ai volé dans le hall, hier soir, avant de me
coucher, le monocle oublié d'un peintre polonais.
Vous me disiez, je crois, comtesse dédaigneuse
que c'était la meilleure école de « self-control. »
Alors, n'en ai-je point ?
Si j'ignore, peut-être, l'art subtil de vous plaire
n'avais-je point celui de descendre à
Vérone, 5 avions autrichiens, en 16 ?
quelle idée saugrenue d'avoir fait mes études
à Oxford ! Prestige bien fragile que de savoir .
très bien le bridge, le golf et le rowing ;
d'apprécier le whisky et porter avec grâce
des vêtements coupés à Londres par Sholty ;
Je sais baiser très bien les mains des dames
mais, voilà : je suis trop gentleman,
Et Wanda Szolska, beauté botticellienne
d'origine germaine se rit de mes façons
« gentry », préférant à mon profil d'adolescent
latin, les façons « natürlich » de ses
isvolchicks galiciens ou laquais berlinois.
Erreur des éducations, chimères poursuivies...
Que mon avion m'emporte loin :
à Varsovie, pour me brûler de ginn-fizzs,
« nas O robie », au bar du Bristol ; à
Wilna, pour voir danser des juives, ou
Zakopane, pour retrouver Tita Sourroudine
dans son isba de la montagne.
Par-dessus la carlingue : Cecil Aldin de
pygmées, les hôtes de Zidowo, galopent en
habits rouges, pour une chasse au loup, à
l'auroch ou au cerf... Les chiens ont l'air
d'étoiles filantes.... Je reconnais la comtesse à son
cheval pie : elle ressemble à une écuyère du cirque Molier.
Le gros baron de Munich, qui cite du Voltaire, au
second Manhattan, caracole près d'elle...

Trompes de chasses, houle embaumée de l'aube...
Je tâche d'oublier ces huit jours de calvaire,
ces parties de tennis, ces pockers au boudoir
Chippendale, avec des chanoinesses et des
princes du sang polonais; ces huit jours de
permissions de détente, après des raids glorieux
de par l'Ukraine... Des compagnies de pigeons
de mouettes et de corbeaux, venues de la Baltique
disparaissent à l'horizon : pluies de couleur des
fusées après l'éclatement... Je crois atteindre
la folie... Tant mieux... Encore plus haut —
Ils chassent à courre, en bas, une bête héraldique,
Je chasse dans l'éther, la
chimère de mon cœur...
Ils dévalent des pentes, analogues à celle du Kent
ou de Biarritz : moi je glisse au-dessus de
lacs tous en nuages; je frôle, en passant, des aigles :
ils me sourient. Je laisse parler mon cœur
et mon cerveau. Mais que sera mon hallalli ?
O Wanda Szolska, née sur les bords de la Sprée
vous êtes indigne de moi; vous coucherez ce soir
avec le butler ou le jardinier !
Amours de princes, très Colette Willy.
Moi, le plus beau de l'escadrille, je puis briguer
plus haut. Mais bizarre jouet, mon avion possédé
n'arrive à s'évader du rayon de la chasse.
Sans doute fasciné, il vire, il tourne en arabesques d'ailes
au-dessus des chasseurs. Une angoisse m'étreint.
Quel pilote fantôme suggère à mes manettes des
sur-place inquiétants ? Je devrais être à des milliers
de lieux aériennes. Serai-je déjà mort, et ainsi,
condamné, à voler éternel, au-dessus d'une femme aimée ?
Inexorablement le Bréguet tourne, en suivant la chasse.
Curieux graphique : à mesure qu'il descend ma matière grise
enfuie à tout jamais, diminue, c'est certain, la charge de
l'avion. J'appelle à mon secours tous les oiseaux
du ciel, mais ils n'ont point appris la langue des moteurs.
J'invoque Saint Guynemer : un champ de blé, à 300 mètres !
Forêt blonde d'épis, je descend vers vous. Je coupe
l'allumage. Mes yeux éteints distinguent mal au pied d'un
chêne immense, un groupe

rouge et noir... Trompes... Hallalli...
Les chiens s'acharnent sur la bête
avec des coups de reins à ravir des
Bourdelle ou des Chana Orloff...
La comtesse Szolska a les honneurs du pied.
Alors je deviens fou complètement.
Pluie rouge et bleue à mes rétines...
Fourmis douces à mes jambes...
Ivre d'air, d'azur, de musique d'éther,
je vais tomber sur les chasseurs.
L'immense feuille d'or que sera
mon Bréguet, les écrasera tous !...
Ma vengeance
sera le plus bel hallalli de vêneries, du monde.

La féerie polonaise

Hanka Ruszhennyi a pressé sur l'accélérateur, défiant toute la police varsovienne. Retour solennel, discipliné, du concours hippique. Sans égards pour la victoria présidentielle, p ourles limousines du corps diplomatique, elle abandonne la file des voitures. Elle est de ces femmes sans réflexe au volant ; poursuivant son idée sans se douter qu'elle a le pied sur une pédale. Hanka n'a pas de morgue. Et, bien qu'elle ait joué, enfant, avec tous les princes du sang polonais, elle possède une âme prolétarienne. Elle est bien la fille d'un peuple nouveau-né. Ingénieur des mines, candidate à la députation de la province de Lvow, elle conduit dans le crépuscule de septembre avec une brusquerie souple.

Son voisin, Robert de Waterzel, a l'âge tendre du gigolo de midi moins le quart, coin de la rue Spontini et avenue du Bois, le dimanche matin. Heureusement pour lui, il n'en a pas l'âme. Il a les traits d'un jeune seigneur anglais qui vient de terminer ses études à Oxford. Descendant d'une très vieille famille du Boulonnais, il a grapillé le nécessaire aux Hautes-Etudes, pour être quelque chose d'assez vague dans la Section commerciale de l'ambassade française à Varsovie.

La comtesse Ruszhennyi qui le connaît depuis deux mois, voudrait faire son éducation, le débarrasser de cette chrysalide de jeunesse, de cette apparence de novice. Ell est secondée dans cette tâche par un médecin-major de trente ans, plus expérimenté et qui, logé dans le spider, salue à gauche, à droite, autant de fois que le maréchal.

Hanka livre au vent de six heures son visage tartare brûlé par le soleil de la Baltique et ses cheveux blonds gonflant à la Colette. Robert l'appelle sa « Magie noire », sa négresse blonde. Ils se sont rencontrés fin juillet sur le sable à de Gnydia, le nouveau Deauville polonais. Cette jeune femme est déroutante. Son amoureux se perd dans son analyse : héritière de sens pratique, côté maternel juif, elle allie la légèreté, ce désir de jouissance très XVIIIe, qui n'a pas abandonné les seigneurs polonais.

Dans le soir d'automne, les faubourgs de Varsovie teintés de prune, arrivent vers eux en trombe, surmontés de l'harmonie mauve et noire des tours de la cathédrale Saint-Jean. Sonnailles de dorowchkas, klaksons de Buieks, galopades d'officiers, tout cela bruit, dans la buée blanche et bleue en orchestre fiévreux, engourdissant.

Neuf heures bourdonnent au château royal de Vilanow lorsque le cabriolet Daimler stoppe devant le Bristol. Dîner de gala du mardi. La comtesse, de passage à Varsovie, a organisé ce soir une partie. Après avoir partagé son après-midi, entre les couturières, le Ministère de l'Industrie et le concours hippique, elle a besoin de dérivatif. Il faut en profiter, car le « week-end » est sec en Pologne depuis les féministes qui ont obtenu du Sénat, la prohibition du samedi au lundi. Aussi les Varsoviennes qui ont lézardé à Gnydia, ont fait leur cure à Sinaïa, sont là, ce soir, très nombreuses et plus cuivrées que les Parisiennes de Deauville ou du Lido. Hanka va finir ses vacances à Zakapane, dans un petit chalet qu'elle dans les Tatras, à deux mille d'altitude. Sa malle est arrimée à la voiture. Vers minuit elle partira, en robe de lamé pour les Karpathes.

Les convives d'Hanka sont savoureux : d'abord son père, le vieux prince Witold Grahinski, greffant du chef paillard d'Alexandre VI Borgia, le corps d'un pélican. Crâne lisse, yeux bridés de satrape, il continue de faire la fête commencée sous Napoléon III. Il a pour compagnon de noce son fils Adam, caricature vague de Mazeppa, qui fut un héros de quinze ans au siège de Lemberg par les Ukrainiens. C'est lui qui, à la tête d'un régiment d'enfants, tint tête à l'ennemi avec un autre régiment.. de femmes. Gloire passagère qui aboutît à la vodka, aux « girls » de music-hall. Le prince Grahinski est ruiné depuis des années. Sa femme, qui était la plus riche héritière de la société juive de Lvow, n'a pu survivre à la catastrophe. Il vivait donc sur le revenu de ses terres. Mais, depuis la loi nouvelle du gouvernement Pilsudski, qui permet à ce dernier d'exproprier qui bon lui semble, le prince polonais n'a plus son château de Melatyn et le parc environnant, demeure dont on relève les ruines, car il fut incendié par les armées ukrainiennes du général Petlioura. Sa fille Hanka, veuve depuis 1915 d'un ingénieur des mines caucasien qui avait placé ses titres à la Guarantee Trust de Londres, continue le métier de son mari et fait vivre sa famille. Les revenus du comte Rushenny joints aux trois mille zlotis qu'elle gagne par mois, lui permettent de régler non seulement les domestiques, les impôts du palais familial, mais aussi les maîtresses paternelles et fraternelles. Son esprit de famille est un peu trop développé. Le vieux prince touche donc 1.000 zlotis par mois pour ses danseuses et son fils 500. A ces deux parasites s'ajoute la sœur du prince Witold, la chanoinesse Wawa Grahinska. Elle a soixante-dix ans, est membre du Sénat et député en Volhynie. Elle s'occupe avec acharnement d'une œuvre féministe. Elle est ce soir de la partie. Dans son fourreau de lamé noir, avec ses cheveux acajou coiffés au rouleau, elle participe à la fois de la sœur tourière et de la directrice de maison gaie. Malheureusement elle ressemble physiquement à Rappoport dont elle a le système pileux facial presqu'aussi développé. Son ancien flirt, datant de 1880, se tient à ses côtés, un colonel de lanciers le baron de Rudnitz-Breyski. A l'autre bout de la table, encadrant le prince Adam, il y a un peintre nègre de Floride, venu faire le portrait des grandes dames varsoviennes et piloté dans la société par la chanoinesse. Sa mère est à droite d'Adam. On la remarque beaucoup pour son teint chocolat, sa robe blanche et ses cheveux de même teinte coupés à la garçonne. Hanka l'a décidé à l'accompagner à Zakapane. Elle paraît vingt ans; son fils a l'air plus vieux qu'elle. La chanoinesse voudrait bien enrôler Mrs Lottie Occidie dans ses rangs; elle lui promet déjà un grade dans son association et se lance dans une conférence sur la traite des blanches.

Immédiatement après le potage, la comtesse Ruszhennyi est invitée à danser par un secrétaire de l'ambassade soviétique. Elle s'est mis bien avec ce dernier, pour tâcher de se faire rendre les terrains pétrolifères appartenant à son mari dans le Caucase. Onze heures approchent. Le vieux prince est déjà gris; il faut en prendre pour la semaine! Il montre à Waterzel de son index goutteux, un ancêtre en armure, qui caracole, peint sur la fresque du plafond; car la bataille de Poltawa, traitée à la manière de Kisling, surplombe les dîneurs. Le jeune attaché commercial songe avec tristesse au graphique décroissant de la courbe des princes polonais.

Cette famille Grahinski dont les ancêtres étaient des seigneurs puissants dans leur résidence de Mélatyn; qui battaient monnaie; qui donnèrent gouverneurs, évêques, généraux, à la ville de Lvow, était maintenant sur la paille... dorée, grâce à la générosité d'Hanka Ruszhennyi. Ses épaules fragiles soutenaient le poids du palais rose de la rue Lazienki, les extravagances du père, du fils et de la tante; tenant tête au bottiers, tailleurs, usuriers marrons, assaillant journellement son cabinet de travail. La table devient le point de mire de la salle. D'ailleurs, le prince Witold et le jeune Adam sont légendaires dans les lieux de plaisirs varsoviens. Le peintre noir américain croit de bon ton de s'unir à leurs ébats et chante « Always » en dansant seul avec une bouteille de champagne parmi les couples.

Le vieux prince quitte la table très digne, pour inviter une danseuse israélite du ballet de l'Opéra. Devant un refus très hautain, il se met à injurier la jeune fille.

Mrs Occidie, la mère du Van Dongen nègre, cache son indignation derrière la plume rouge de son éventail. Elle confie en anglais à Waterzel, son malaise et son désir de quitter promptement cette salle à manger.

Fuyant les dîneurs enivrés, ils se hâtent tous trois vers la sortie lorsqu'un officier aviateur français fait son entrée à cheval dans le « dining-room ». Scandale monstre. Panique. La bête affolée par le jazz se cabre dans des homards thermidor. On entend le déchirement des lamés, la rupture des colliers de perles, les cris des femmes qui s'évanouissent. Très amusés par cet intermède, la trilogie démarre dans la Daimler. La nuit, étoilée comme il convient, est d'une température quasi-polaire. La petite voiture franchit la Vistule à quatre-vingt sur le pont Alexandre, laissant derrière elle, le palais Krasinski dormir à la pâleur lunaire, sous l'écharpe abricot de ses hêtres.

*
* *

Mokotow, Alexansandrow : météores évanouis dans le noir, 80, 90, 100. Dans la plaine varsovienne, on sent venir l'odeur prenante des marais, des bois de sapins et de bouleaux. Mrs Occidie demande si l'on rencontrera des loups.

Tous trois aspirent avec bonheur le vent frais de la nuit. Leurs tempes enfiévrées par l'atmosphère lourde du Bristol ont besoin de cette douche d'air. A Pabianice, petite ville après Lodz, Waterzel remplace Hanka au volant. La montre de bord marque 3 h. 30. La mère du peintre californien est ravie. Emmitouflée dans un de ces vestons kaki doublés de peau de mouton que portaient les motocyclistes américains sur le front français, elle en profite pour bavarder avec la Polonaise : « Je suis émerveillée de l'essor de votre pays, chère chose. La place que votre Président concède à la femme me remplit d'enthousiasme. Je suis très féministe. Aux élections gouvernementales de l'année dernière j'ai maheureusement été blackboulée. Mais je ne me tiens pas pour battue. Dommage que vous n'ayez pas assez d'argent. Rockefeller ou Ford devraient aider la Pologne. Elle le mérite. Dans vingt ans d'ici, vous aurez une place marquante dans l'Europe Centrale. »

« Oui, il y a beaucoup à faire, dit rêveusement la comtesse. Que de ruines à relever. Avec la fortune de mon mari, je peux reconstruire le château féodal de Melatyn, à soixante kilomètres de Lvow, où vous avez campé, n'est-ce pas, Robert, pendant votre marche sur les Ukrainiens. Mais tant d'autres grandes familles, complètement ruinées, sont in capables de se relever ».

— « En tout cas, chère Hanka, vous êtes admirable dans votre tâche. Comme soutien de famille, vous êtes presque unique, surtout à cause de votre éducation. Ah ! il faut venir chez nous : vous puiserez dans notre pays, les meilleurs éléments pour achever votre formation nationale. Tenez, cette plage de Gnydia, visitée avec vous pendant le mois d'août, me faisait penser à ces villes embryons d'Amérique prospérant en un rien de temps. »

— « Plus vite que nous, ma chérie, parce que vous n'avez pas tout ce passé qui nous écrase. Tous les Jagellon, les Mazeppa, les Kosziusko ».

Subitement les deux femmes se taisent, succombant au même moment au sommeil.

Presque couché sur son volant, Robert retrouve avec émotion tout un morceau de sa jeunese. Un recul de dix ans, le fait revenir dans ces plaines : Piotrkow, Radom. Bientôt Czenstockowa, qu'il a parcouru habillé de bleu horizon. Il était alors à la M. M. F. sous les ordres du général Haller. Il parcourt maintenant la région des étapes à cheval, en smoking, dans une voiture luxueuse, en compagnie de deux femmes en tenue de soirée. Les Bolcheviks vont-ils surgir tout à coup de ces fourrés, éclairés parfois par le lamé d'un lac ? Quel ennemi poursuivait-il dans cette auto de marque autrichienne, avec ces deux créatures, l'une négresse de Los Angeles, candidate au gouvernement d'une province et l'autre polono-russe, ingénieur des mines, également candidate à la députation. Son cerveau ne cherche point à approfondir la question. Trop alourdi par les calories du champagne, il essaie de lutter contre le sommeil. Distraitement, il se laisse aller à sa torpeur et s'affaisse sur sa direction.

*
* *

Hanka se réveilla la première. L'auto était arrêtée pile contre le gros platane d'une allée qui monte. La cloche d'une coupole égrena six coups dans l'air vif de l'aube. Elle essaya de réaliser l'endroit de l'accident. Une grande masse noire, ocre, rose et bleue se profilait au-dessus d'eux. Elle se rappela d'un pèlerinage avant la guerre avec son fiancé. C'était le monastère de Jasna-Gora. Ils étaient donc à Czenstochowa. Mrs Occidie, à son tour, revint à la vie, sa robe de lamé un peu frippée. Robert fut plus long à relever sa tête du volant. Il dormait du sommeil puéril, le meilleur. Il faut dire qu'il était légèrement blessé au front. Le sang tombait à fine goutte sur le diamant de son plastron. Le radiateur enfoncé, l'arbre arrière brisé, arrêtaient là le voyage. En femme pratique, la juive dominant à cette minute, Hanka alla tirer la cloche du couvent. Elle connaissait fort bien le supérieur, jésuite onctueux qui s'offrit de lui-même à expédier la Daimler à Varsovie. On pansa le front de Robert. Et les trois automobilistes que des trench-coat métamorphosaient en voyageurs plus normaux partirent à pied vers la gare après s'être réconfortés. Fort heureusement le sleeping Varsovie-Zakapane passait dix minutes plus tard.

Ils pouvaient ainsi continuer leur voyage. Vers treize heures après s'êtr dépouillés de leurs vêtements de soirée, l'aimable trilogie débarqua à Zakapane. Ils y trouvèrent la neige.

*
**

La transition est assez brusque. Quarante-huit heures avant, le maillot de bain. A Gnydia, le soleil iodé, le vent du large, 40° à l'ombre. Maintenant le traîneau et 0°. Les manteaux de chinchilla. Et deux heures de voiture avant d'arriver au chalet de bois de la comtesse situé à 2.000 m. d'altitude dans la partie sauvage et triste des Tatras où dort, majestueux et glacé, Morskie Oko :

« Pourquoi ce nom bizarre d'œil de mer, fait Mrs Occidie en s'emmitouflant davantage dans les fourrures. Hanka vient de lui traduire la signification du nom de ce lac célèbre, qui appartenait jadis à un parent des Grahinski : « Mais parce que « la nuit, lorsqu'il est éclairé par la lune, il paraît un œil « géant, couleur du ciel glauque qui s'inscrit dans ses eaux. »

Le costume des paysans, formé d'une redingote de bure blanche sans manche, de culottes de peau de même couleur, soutachées de rouge, et de feutres blancs cerclés de perles laiteuses, intrigue fort l'Américaine, la coiffure surtout qui ressemble tant, d'après elle, aux dernières créations de Lewis.

Aux dernières maisons de Zakapane, les trois compagnons prennent à un garage l'auto-chenille qui doit les grimper à Wiosnawice, le chalet des neiges qui porte un nom printanier.

Pendant que la Citroën s'accroche à la montée en crissant de toutes ses chaînes, Hanka raconte sa lune de miel passée dans cette maison de bois, à 2.000 mètres. « Il n'y a rien de meilleur pour les tourtereaux que ce froid vif qui réchauffe le cœur. » Et ses yeux s'illuminent à mesure que monte la voiture. Instinctivement, elle se rapproche de Robert qui commence de grelotter sous son trench-coat. Arrivera-t-il à réchauffer son cœur ?

A un tournant, havresac au dos, un peloton de jeunes filles en vacances croise la chenille. Elles ont des figures fardées de froid : « On a envie de les embrasser, déclare Robert, excité tout à coup ».

Enfin, au bout d'une heure et demie, la voiture s'arrête devant une villa étrange : elle rappelle ces postes d'aiguillage hauts et vitrés qui précèdent les grandes gares. Par un escalier étroit, en chêne, enrobé de lierre sculpté, grimpant sur un des côtés, ils pénètrent dans une véranda très longue où donnent les appartements. Un divan de soie jaune au fond, où la comtesse tombe comme une poupée lancée. « Kmita, fait-elle au vieux Galicien, gardien à la maison, fais-nous vite du thé pour nous réchauffer. Et vous, Lottie Occidie, allongez-vous sur ces coussins. Vous, Babbie, donnez des cigarettes, là, dans ce coffret d'écaille. Je me sens dans ce pays si différente de l'Hanka varsovienne. J'endosse une âme neuve en endossant ma pelisse de chinchilla. Mes premières années se sont passées dans un nid de vautours dont on voit d'ici les ruines avec une longue-vue, plus à droite de Morshie Oko. J'ai été habituée à voir à voir des aigles, des loups, des sapins, des torrents. Je me sens purifiée dans ce froid, loin de mon père, mon frère, ma tante. »

« Regardez par la baie, leur dit Hanka, un peu plus tard, au milieu du repas qui devient une dînette. A demi couchés sur le divan jaune, ils dînent sur des tables basses, dans la véranda. Elle a mis par terre la lampe électrique voilée de parchemin bleu. Et la pièce, remplie d'une lumière fausse où vient s'ajouter la buée vert-argent de la lune, leur donne, avec ses parois vitrées presque jusqu'au plancher, la sensation bizarre d'être suspendus dans les airs ; la neige est de couleur bleutée. Il fait nuit tout à fait, la Sichha-Voda, un torrent qui bondit tout proche luit exquisement à travers ses rives immaculées. « Il doit geler merveilleusement ce soir », murmure la comtesse lentement. Et cette phrase leur est douce à entendre, en qui devinent les blancheurs glacées des Tatras, et s'engourdissent de la chaleur de serre du poêle de faïence rose. Robert se rapproche d'elle, insensiblement. Un coussin tombe. Elle l'observe un temps, curieuse, impénétrable et mollement méfiante : « Non, laissez-moi, Bobbie. Cette température ferait faire des bêtises. Non, Pan Bobbie, sage... » Mais elle est trop désirable avec ses pommettes avivées par la chaleur et ses yeux agrandis de fièvre : « Non, Pan, laissez-moi ! N'est-ce pas, Lottie, qu'il est trop jeune pour faire un mari pour moi ? 22 ans pour 32 ! Non, si jamais je refaisais cette expérience, ce serait avec Duzlevski, le petit major. Il a 30 ans. Il est très séduisant, et sait être sérieux sous son apparence d'Oriental indolent. Eh bien ! voulez-vous ma main sur la figure ? Lottie, défendez-moi contre ce Français surchauffé ! Pauvre Wladi, que dirait-il en me voyant sur ce divan, avec ce petit Waterzel !... Mais, pas de passé, ici ».

Elle se lève bruquement, jette sa cigarette dans le poêle : « Mettons nos fourrures, on va faire une visite à Piotr. Si ! Si ! L'auto-chenille nous attend. » Mrs Occidie préférerait se coucher après cette nuit d'auto, cette équipée de Czensto-chowa : « Dash ! » fait-elle. Robert la force à se lever. Et subitement, profitant de l'absence d'Hanka, partie pour donner des ordres, elle attire vers elle le jeune homme, impé-rieusement, pour embrassser ses lèvres fermes.

« Vous venez ? » crie la comtesse.

La chenille commence de démarrer à 60, sous les sapins enneigés. Au bout de trois quarts d'heures, à travers les branches, une lamelle d'argent... C'est le Morskie Oko.

Par quelle aberration, Robert de Waterzel songe-t-il à ce lac de Némi, où l'on recherche vainement les caravelles de Caligula. « C'est un lac sans histoire, fait Hanka, en arrêtant l'auto devant une isba de bûcheron ». Elle decend précipi-tamment, ses bottes de caoutchouc faisant craquer la neige comme une meringue.

Un paysan de dix-huit ans environ est sur la porte. Il a le costume de bure blanche. Ses yeux verts s'éclairent en voyant la comtesse Ruzhennyi. Pieusement il s'incline et baise le chinchilla. Dans l'unique salle de la maison au-dessus d'un poêle de plâtre d'où monte une odeur fade et chaude, une vieille femme dort sur un matelas percé.

« Bonjour, Piotr. Tu vois, je viens d'arriver aujourd'hui. Ma première visite est pour toi ». Puis se tournant vers ses amis : « Voici Piotr Tysiace, mon frère de lait. Ma nourrice dort sur le poêle. Il ne faut pas la réveiller. Oui, « golab » (pigeon), je reviens avec le même plaisir. Et j'ai quitté les bords de la Baltique pour venir te serrer la main. » Pendant ce temps, le jeune paysan sert de la vodka. Puis tirant un violon caché derrière une pile de linge, pour préserver du froid les cordes, il se met à l'accorder : « Ce garçon, dit Hanka, en avalant d'un trait son verre, joue mieux que tous les Rubinstein du Monde. Veux-tu leur jouer quelque chose ? Mais dehors, tu sais, comme autrefois ».

Le Polonais est allé s'asseoir devant l'isba. Il a l'air d'une apparition avec sa houppelande neigeuse, se détachant sur le mur verdi par la lune et souligné d'ombre bleue par le toit de chaume.

Cela débute par une désespérance, ponctuée de cris déchirants, répercutés en échos ; puis la rumeur d'un torrent, le bruissement d'une nuit de juillet ; puis les arpèges se font saccadés, vibrants, rappelant les charges de cosaques dans la steppe ukrainienne, retentissantes des clameurs de Zaporoques. Enfin, insensiblement, reviennnent les douloureuses notes, qui sont le thème initial du morceau. Mais les sanglots de l'instrument doivent aller pleurer loin dans la montagne. Petit à petit, sous les arbres, des ombres blanches de paysans se tiennent à distance comme dans les forêts tropicales les bêtes sauvages rôdeuses autour des feux de campement. Hanka sanglote sur le banc à ses côtés. Robert fait du footing de long en large. Pour se réchauffer il invite Lottie à danser un charleston. Piotr, qui sent ses doigts s'engourdir de froid, se met à l'unisson, esquissant des danses locales, en continuant de jouer. Les paysans venus écouter le solo, regardent ce spectacle avec des yeux illuminés. Dans le froid de cette nuit de septembre, à 4.000 m. d'altitude, près de ce lac gris perle, le désespoir de ce violon semble un rite solennel. Mais le Dobberman de l'isba a quitté le coin du poêle en grondant. Un touriste venu rêver sur les bords du Morskie Oko s'avance vers le groupe et se met à applaudir. L'instrument d'où s'exhale des trilles sanglotantes s'arrête comme brisé. L'archet se cabre, dans un bémol trop aigu. Le touriste doit être de Prusse car son applaudissement formidable résonne sous la voûte des sapins, comme le ricanement du diable au 3ᵉ acte de *Faust*. Deux « hoch » gutturaux, retentissent. Igor aboie furieusement. Sous la lune apparaît, d'une pâleur verdâtre, la face de clown d'un skieur-joringer, sa bête arrêtée, fine, luisante, noire et frémissante. Hanka porte la main à son cœur, comme déchiré par cette fausse note. Sans y faire attention, elle lance Igor vers l'homme. L'Allemand essaie de fuir. Mais le dobbermann l'a happé à la gorge. Chacun sait que seule une balle de revolver peut fait desserrer l'étreinte de ces chiens. Les paysans, impuissants à maîtriser l'animal, Mrs Occidie tire sur lui avec son petit browning, mais le chien, blessé, s'acharne de plus belle. Piotr, essaye en vain de l'arracher à ce corps. Le chien s'est écarté pour laisser un cadavre. La neige s'est mise à tomber brusquement. Le violon de Piotr qui vibrait si finement sous ce coin féerique, git dans la neige, abandonné.

Aidée du musicien, la comtesse transporte le corps dans une pièce de l'isba. La nourrice dort toujours sur le poële. Un à un, les paysans, en redingote blanche, pénètrent dans la maison, pour la veillée. La neige tombe lentement, comme pour un dernier acte d'Ibsen, ensevelissant le violon oublié, qui, tout à l'heure, résumait l'âme des Tatras. Un petit paysan tourne le klackson de l'auto-chenille, sans se douter qu'il sonne un glas moderne...

Le cycle allemand

Les heures séparatistes

Un calme anormal, presque fiévreux engourdit, ce soir, le parc du grand Electeur. Dans cette quiétude trompeuse il y a brusquement, vers la Moselle, dix coups, humbles et tristes comme ceux des couvents basques : les clochers romans de la « Kastor Kirche », commémorent, ignorants, la vingt-quatrième heure de la République Rhénane. Car nous sommes à Coblence, en l'an 1923, durant la première nuit d'automne. Hier, à pareil instant, M. Mathés déclenchait son Dix-Huit Brumaire. Oh ! un pauvre coup d'Etat que Bonaparte eut désavoué. Bulle d'air..., nouveau-né, condamné, car venu avant terme. L'affaire se réduisit à une plaisanterie qui aurait, je crois, ravi Griffith ou Abel Gance : une réalisation fantaisiste des journées rouges de Mars 17 pour Hollywood ou bien Neuilly. Rien n'y manquait : des Benz luxueuses, réquisitionnées à des « Shiebers » devant des banques et des Kabarets ; les coups de browning en l'air, le 80 dans les « strass » paisibles et les gardes brailleurs (verts ici) en cariatides aux portières. Aucune originalité. Ce divertissement plut surtout aux gamins nationalistes. Délaissant les gymnasiums au profit de la rue ce fut pour eux une récréation Kolossale où le jeu de la petite guerre se trouva tout indiqué, Il y eut donc des bagarres joyeuses et criardes où les cailloux de fronde ronflaient comme de petits moteurs d'avion dans la polychromie cubiste des casquettes de collégiens.

Naturellement le service de presse international dépêcha une douzaine de reporters, alors que M. André Dahl, aurait eu, seul, qualité pour relater les faits dans sa feuille hebdomadaire, sous firme d'à peu près et de calembredaines. Mais cette manifestation locale fut cependant le meilleur des gants de crin, le plus fameux « oyster cocktail », capable de faire circuler le sang à la population Coblencoise, assoupie dans sa torpeur administrative. Aux fenêtres de la « Schlosstrasse » des guirlandes de familles benoîtes, digèrent, ventres sur des coussins, et crânes baignés de lune en commentant les événements. Sur les terrasses, d'autres braquent des lorgnettes vers le drapeau « vert, blanc et rouge », qui sur le toit d'ardoise du Schloss, frémit, en minuscule flamme de punch, tout en haut de la hampe blanche et noire des Hohenzollern.

Artères vides d'humanité, les rues se reposent au profit des immeubles alourdis d'esprits surchauffés. Et, bien loin de ces perturbations, dans le jardin de ce grand palais rose, cachés sous les clématites d'une pergola rouge, un couple s'embrasse avec la même insouciance que les amoureux des « weck-end » du Bois ou de Richmond-Parck. Comme ils s'inquiètent peu de l'atmosphère de ce « garten », si riche en souvenirs : ce banc de marbre bleu encore tiède depuis le jour où Napoléon Ier vint y rafraîchir son front, ces dahlias oranges, caressés distraitement par la cravache de Guillaume II un soir de manœuvres ; ces charmilles où l'on croit toujours découvrir le « King-Charles » de la princesse Louise de Prusse, l'ombrelle oubliée de la Kaiserin Augusta, où la silhouette languissante et mièvre de son lecteur, Amiel.

Quel est ce couple assez téméraire pour venir troubler le passé enfermé sous ces arbres depuis près de dix ans. Singulière destinée que celle de cette demeure de grès rose bâtie pour le caprice d'un Electeur de Bandebürg, tour à tour habitée par des princes ou des empereurs, puis affectée à l'armistice aux bureaux de la mairie et maintenant transformée en Quai d'Orsay de la République rhénane.

Il y a sûrement du mystère sous ces clématites, et pourtant c'est la chose la plus banale du monde : la fille d'un grand seigneur d'Irlande s'amuse avec un jeune gardien. L'honorable Godiva O' Moor est une victime du sinn-fein. M. de Valera a tué son père, brûlé son château et envoyé pour toujours sa mère dans un asile de Corck. Aussi fait-elle maintenant des gammes sur les Remingtons du Haut-Commissariat de G.-B. ! Le fait de se pâmer dans les bras d'un éphèbe révolutionnaire n'a rien de très surprenant pour une jeune girl irlandaise dont le nom figure au Blue Book. C'est le procédé renouvelé des princesses saxonnes ou des grandes duchesses slaves, qui ne consentent à faire l'amour qu'avec le jardinier ou le valet de pied. On sait que pour ces grandes dames, les

« gens » n'ont pas de sexe. Alors tant mieux ou… tant pis pour elles. L'excuse est pourtant commode.

Lady Godiva O' Moor, qui s'est jadis promenée en voiture à chèvres sous des ormeaux séculaires, abritant des biches et des cygnes, des nurses et des laquais, a donc dans ses bras, ce soir, Karl Hanzel qui, lui, a passé son enfance à jouer dans les jardins de garde-barrière. Il lui a plu, hier après-midi, malgré son uniforme loqueteux, couché tel un marbre précieux, sur les marches de ce baraquement à façade de bar du Far-West. Il est possible que le général commandant la place ait étendu l'interdiction de circuler jusque dans les arbres du « Schloss », car chose amère, nul rossignol ne consent à rythmer leurs caresses. Trois sentinelles, averties, veillent sur ces épanchements. Et peut-être aussi une quatrième insoupçonnée, car dans le palais endormi, un personnage veille, et si un de ces tourtereaux grimpait à une colonne de la pergola, il pourrait voir un spectacle singulier à travers une fenêtre éclairée du premier étage : Une immense table encombrée comme un quai de gare de marchandises, de dossiers polychromes, de « schmitten » de la veille, d'affiches de propagande, de verres de bière et d'un téléphone rouillé aux timbres impériaux mal grattés. Penché sur ce désordre, un front têtu, barré de cheveux noirs très courts, mais surtout un profil dictatorial qui fait penser à Beethoven et Caruso. J'ai nommé Herr Mathès, premier rhénan, Mussolini de pacotille, qui corrige, en manches de chemise, une proclamation pour le lendemain. De temps en temps, il va chercher l'inspiration dans la caresse d'une barbe de quinze jours, où sa main velue et spatulée fait le bruit étonnant d'une mastication de cheval. Puis, il se lève et se promène de long en large devant une glace descendue de son clou, et, son discours en mains, répète comme un cabot sa pièce, car demain matin, sous le portique à huit colonnes du perron d'honneur, se jouera un bel épisode de revue. Les photographes de l'*Excelsior* et du *Daily Mail* sont prévenus. Voici l'image sensationnelle qu'ils présenteront au monde entier, sur leur dernière page. Face à la vasque du bassin, où trois grâces de bronze soutiennent un jet d'eau mort ; on verra notre proconsul sanglé dans un court manteau de cuir noir, ayant moins l'allure d'un Président de Conseil que d'un pelotari, avec son béret basque. Ainsi vêtu, il fera un beau discours.

Et sa harangue toute romaine s'adressera à deux rangées de partisans, figés à la prussienne et si burlesquement équipés que l'on sera autorisé à croire au pillage du magasin d'accessoires du théâtre municipal.

A cette même heure nocturne où Mathès étudie dossiers et attitudes, à huit kilomètres de là, dans le vaste palais d'Ems (le même d'où partit la fameuse dépêche), l'on pourrait voir, sur le divan d'un luxueux bureau, monoclé et musqué comme un diplomate, un élégant gentleman : le Doktor Dorten. Il rêve, dans la fumée de sa Batschari, à des plages françaises, des comptes rendus de Figaro et des salons parisiens, où il se voit déjà déguisé en ministre plénipotentiaire.

Un Etat gouverné par un snob et un aventurier est assuré d'avance de faire banqueroute. Les secrétaires du Haut-Commissariat Interallié qui passaient aujourd'hui, vers deux heures sur la Goeben Platz eurent un pronostic amusant de son règne éphémère.

Un camion de la police, plein de gardes à craquer, qui, de loin, ressemblaient à ces charges de palmiers que l'on apporte au Grand Palais lors des vernissages, emmenait ces Messieurs à la soupe, nouvelles mœurs militaires. Quelques mètres en avant, dans une Benz du Salon de 1904, deux officiers séparatistes. La torpédo avance par saccades comme au début du cinéma. Tous les dix mètres, une halte soudaine du moteur asthmatique, fait aquiescer brutalement les deux lieutenants verts. Et le plus comique alors (Sem aurait dû venir avec les journalistes), le sous-officier, à côté du chauffeur descend gravement chaque fois, pour remettre en marche. Vêtu de beige clair, chaussé de jaune tendre, il paraît redoutable avec son revolver rouillé et son sabre de hulhan pendu par une ficelle à une ceinture de tennis. Il fallut bien un bon quart d'heure pour traverser le petit square grand deux fois comme la place Pigalle. Impassible et marmoréen, le général August von Gœben, dominait cette scène du haut de son socle.

Dans le jardin impérial on s'aime toujours. Sur la Princess Luisen Weg, au bas du mur de clôture des longues autos, moteurs au ralenti, emportent des dames parées vers le bal du Haut-Commissaire anglais. La dernière embarcation de Mayence hurle pour l'ouverture du pont de bateaux. Une béatitude inquiétante surgit un instant, anéantissant tout bruit, toute fragance. Et voici qu'à l'instant même où la caresse de

Karl se virilisait davantage, un vacarme insolite remplit d'effroi tout le palais : comme celui d'une scie crissant sur la pierre de taille. Ce bruit étrange montait dans la nuit. Godiva surprise, se dégage, humant l'air comme ces biches de légendes de la verte Erin. Vive, elle s'est mise à courir. Une sentinelle toute nouvelle, ignorant leur présence épaule au hasard. Et la descendante des O' Moor n'est plus qu'une grande fleur coupée sous un tilleul lorsque son patito peut arriver auprès d'elle. Cependant, l'alarme réveille les entrailles du Schloss : des patrouilles se préparent, les couloirs résonnent de galops cloutés. Alors, paraît en noir, massive ombre chinoise, à la fenêtre du premier, Herr Mathès, hirsute et congestionné, auteur inconscient de l'alerte.

Le Cromwell du Rhin se rasait simplement pour être beau demain.

Il est infiniment regrettable que la seule victime du mouvement séparatiste ait été une innocente dactylographe irlandaise. On comprend après cela que les nationalistes aient reconduit peu de jours plus tard cet homme dangereux à la Haupt banhof.

A l'ombre de Porta-Nigra

Nous étions allés dîner, ce soir-là, à Luxembourg, chez un Consul charmant dont j'ai oublié le nom mais pas le bon menu.

Dans l'auto qui nous ramenait à Wiesbaden, nous bavardions littérature ; Heine, Marie Bachkirtseff et Gorki — surtout Gorki que nous devions voir le lendemain chez des amis — Le capot nickelé et les pare-brise fendaient le vent léger de mars, parfumé déjà de printemps. Dans ce décor sauvage, qui rappelle parfois les sites brûlants du Guipuszcoa, Frau Lysia Schill, ancienne danseuse bruxelloise parlait sans arrêt. Et sa voix, amollie par les vieux crûs et les champagnes consulaires, évoquait, au son de grandes orgues du moteur, la physionomie fragile de cette jeune russe, Marie Bachkirtseff. Elle l'avait rencontrée sur la Riviera, à une garden-party chez Mme Louis Stern. Sur les pelouses de la villa du Cap-Martin, elle avait esquissé des danses grecques avec d'autres jeunes filles de la côte, sous les yeux attendris de l'impératrice Eugénie. Puis, tandis que son mari, au volant, humait l'espace, elle avouait son émotion à voir Gorki dans quelques heures : « Avez-vous lu *Strasti-Mordasti ?* Je l'ai lu un soir de pluie et de suie à Edimbourg, où j'avais envie de m'empoisonner... ». Bien qu'ancienne vedette de la rampe, Lysia Schill était fort cultivée. Et dans sa loge, de l'Olympia de Londres ou de Paris, des livres de Maeterlinck, de d'Annunzio et de la comtesse de Noailles, voisinaient avec les fards, les corbeilles de fleurs et les robes de plumes.

Elle avait épousé un ancien jockey berlinois, Egon Schill, qu'elle avait soigné pendant la guerre dans un hôpital de Bruxelles.

En mauve, vert et gris, Trèves s'offrait dans l'ombre avec ses clochers aigus, tous encore imprégnés de conciles oecuméniques ; son quadrige exact de voies romaines, conservées comme à Pompéi et ses débris de civilisation latine, égarés sur les rives envignoblées d'un fleuve allemand : caprice de

César, dont il ne reste que les ruines d'un palais et la porte noire d'un rempart.

Au sommet d'une colline la Vierge de Marienzaul, éclairait la ville endormie de l'ampoule électrique vert-pâle de son front.

Au pont de la Moselle une averse de moucherons vint nous mettre au visage une voilette agaçante et cuisante, cependant que les pneus de la torpédo empruntaient aux rails du tramway une allure huilée, et si immatérielle, qu'on avait l'illusion de rouler sur place.

Et tout de suite, nous étions devant cette « Porta Nigra » qui ressemble à un chat monstrueux évadé d'une léproserie, que l'on s'étonne encore de voir debout ; car ce bloc sombre d'Asie est posé là, depuis dix-neuf fois mille ans. La double rangée de ses ogives romanes faisait songer à des plaies régulières, toutes bleu-paon, couleur du ciel qui s'inscrivait en elles. Emergeant de son square étroit de cèdres et de lilas, elle défiait avec majesté la voiture arrêtée.

« On dirait la toge de Pétrone » fit Lysia, en désignant une étoffe rouge sous la voûte. « Je veux aller m'en rendre compte ».

Vive, souple, elle avait quitté le crocodile de la banquette, et descendait dans l'allée macadamisée où ses talons de nacre tintaient comme boules d'écoliers sur les trottoirs de midi.

« Qu'est-ce qui lui prend, me dit Egon ?

— « Je ne sais pas : voir de plus près, le soi-disant Petrone, qui m'a l'air d'être plus simplement un spahis marocain ».

L'ombre rouge, en effet, adossée à la pierre aussi noire que celle de la grotte de Lourdes, était celle d'un sous-officier indigène. Il avait une belle tête d'émir, baignée par la clarté d'absinthe d'un réverbère à pétrole.

Tous deux revenaient lentement vers l'auto : « Ce soldat a le cafard, dit Lysia. Il faut le distraire. Au lieu de retourner à Wiesbaden, on va aller dans une boîte de Trèves ensemble ».

« Vous êtes grise, ma chère ! »

— « Egon, tu ne comprendras jamais rien à rien. Tu ne peux te figurer l'impression douce et naïve que j'ai à consoler ce cœur nostalgique de Marocain — Mein Lieb ! il vient, paraît-il, chaque soir, rêver de Marrakech sous ces pierres obscures. Dans le tango de crépuscule, il croit entendre des

flûtes bédouines, voir danser des chleuhs. Il songe au grouille-
ment des soucks.

« Et puis, j'ai soif — Montez, Laag-ould-el-Mecki. Il
paraît que ça veut dire Laag, fils de celui qui est allé à
La Mecque ».

Au bout d'une grande rue tortueuse, l'auto s'arrêta sur la
place du Marché, la Hauptmark. Deux tramways livides
passèrent en mugissant sans éveiller les vieilles maisons go-
thiques du vingtième siècle, aux murs vert d'eau, framboise et chocolat. L'Opel jaune s'était rangé sans bruit au
bord du trottoir, comme un oiseau qui se pose. Entre les baies
d'un restaurant éteint et le rideau de fer enluminé d'une pape-
terie, une porte en grès rose, éclairée pauvrement par une
lampe électrique : une enseigne en verre noir où des lettres en
ripolin blanc annonçait qu'on se trouvait au « Domkeller ».

Lysia battit des mains, et fière comme une impératrice dans
sa robe perlée, ramenant sur ses épaules sa cape de velours
saumon, descendit les dix-huit marches de pierre qui me-
naient au bouge.

Devant le portail de chêne, coiffé à son sommet d'un arc
de cercle vitré où se morfondaient, peints, trois tiges de char-
dons, elle se retourna vers nous, en souriant, avant de pousser
les battants. L'odeur fermentée des tabacs autrichiens, des
marcs de café, des alcools chauds et des levures, embour-
donna nos tempes à la manière d'une quinine.

Un orchestre imprévu d'accordéons, de harpes et de cors
de chasse, composé de six bavaroises en mousseline blanche,
emplissait la salle enfumée d'une marseillaise fantaisiste au
tumulte forain et canaille. Près du grand robinet à bière la
caissière, ancienne fille de joie, s'arrêta de remplir ses bocks,
à la vue de notre compagne. Assise sur la pédale d'une bicyclette, adossée au comptoir, une backfisch aux cheveux
exquis, aggrippée à un morceau de tarte aux pommes, offrit
l'idiotie de son regard et laissa choir le gâteau.

Mais Frau Schill accoutumée aux planches ne prêtait nulle
attention au succès inévitable et inquiétant que nous avions
essayé d'atténuer en boutonnant nos caoutchoucs jusqu'au cou,
pour cacher les smokings.

Une table en bois blanc, poisseuse, encombrée de pots
de grès vides, et d'une assiette ébréchée servant de cendrier
nous fut adjugée, dans le fond de la salle. Derrière le comp-

toir, une porte entr'ouverte donnait la permission d'entrer aux odeurs de graillons de la cuisine et au vacarme écœurant des vaisselles lavées.

Une servante en tablier bleu, se traîna vers nous, croupe voyageuse, et nous ricana au nez, en recevant la commande de Seckt.

« C'est réussi comme boîte, grommela Egon en s'esseyant.»

— « Mais c'est très original, voyons, fit l'ancienne danseuse, en laissant choir sa cape. Essuyez simplement ces ronds de bière sur la table. Vous reste-t-il des Batschari ? »

Près de nous, des débardeurs de la Moselle en chandail noir et casquettes ancrées, louchaient avec des prunelles d'aventuriers de cinéma, vers la robe perlée de Lysia. Des filles aux cheveux huilés, les yeux cernés d'ocre rose, souriaient de dédain en compagnie de trois chasseurs à pied, aux allures très « poisse ». Un chauffeur annamite de la Haute-Commission interalliée ouvrait d'admiration une bouche en laque noire sertie de lèvres mauves. Et çà et là, jurant et riant haut, des natifs de l'Eifel, dans leur costume local : feutre auvergnat, courte veste noire à boutons de nacre, surchargée de médailles et pantalons patte d'éléphant. Deux sous-officiers télégraphistes sirotaient dans un coin un pernot de contrebande, sous les regards clignotants de trois « arbis », assez ivres, aux visages tigrés de petite vérole. Le jazz-band féminin venait de commencer, sur un rythme de cirque, un fox-trott allemand, lorsqu'une aveugle, guidée par un enfant blême et scrofuleux, vint soumettre des roses aussi pâles que le petit. Lysia acheta tout le panier à la joie du gosse et saisissant les fleurs ficelées deux par deux, elle les offrit à son spahis. Laag n'était plus intimidé comme tout à l'heure et la sixième coupe de champagne lui donnait une expression sauvage dans les yeux surchargés d'eau ténébreuse.

Frau Schill lui proposa de danser. Et sans demander un vague assentiment marital, elle avait offert son corps, enrobé de fin georgette, sans souci des godasses à clous qui allaient déchirer ses souliers de lamé. Deux femmes qui se déhanchaient dans un fox-trott de banlieue, les bousculèrent avec des rires avinés. Devant l'indifférence du couple, elles lancèrent des injures en patois trévirois.

La salle faisait chorus. Frau Schill se tenait d'ailleurs fort mal et faisait rejaillir sur son mari des épithètes désobligeantes.

Fort heureusement, les deux femmes, ivres à souhait, roulèrent par terre, sous la pluie de leurs coups et de leurs hurlements.

Et cela ravissait l'ancienne danseuse, revenue parmi nous : « Qu'il fait bon de s'encanailler parfois. On se sent redevenir antique, détendu, libéré de toutes les hypocrisies mondaines. Quel délassement après cette soirée chez la femme du consul qui me demandait en sucrant sa voix en même temps que son café si j'avais lu Madame Bovary ! « Fraulein, nur eine Flasche sekt, nicht wa ! ».

Egon exaspéré était allé respirer l'air sur la place et revoir le moteur. Pour faire diversion, la patronne avait décroché une mandoline enrubannée de rouge comme un gigot et commençait de scander la rengaine du jour : « Komm Schatz, wir gehen nach Lilliput », qu'une diseuse prussienne avait créé quelque temps avant dans un music-hall de Berlin. Electrisée aux première notes, Lysia Schill s'était levée. Elle se rappelait avoir mimé et chanté cette chanson en janvier aux Folies-Bergères. Une démence courut en elle. Malgré mes protestations, elle monta sur la table et se mit à évoquer dans ce bouge de Trèves, la silhouette un peu épaissie de Mary Skinn, la créatrice de l'opérette à Berlin. Sous l'effet du Sekt, elle se croyait revenue sur les planches. Des ouvriers de la Trierer-Walzwerck avaient poussé leur table afin qu'elle eut plus de place. Et toute la salle de hurler de joie, d'applaudir, et de reprendre en sourdine le refrain : « Komm Schatz, wir gehen nach Lilliput ! ».

Mais un des trois « arbis », excité par le vacarme, un Algérien aussi laid qu'un iguane des Iles Alapagos, aussi maigre qu'une hyène en temps de paix, avait bondi sur la double table où se trémoussait la jeune femme. Et sans vergogne, la prenant par la taille, se mit à danser avec elle. Il ne rencontra aucune difficulté.

A ce moment, dans les yeux de Laag-ould-el-Mecki, passa une lueur méchante : jalousie, furie, brutalité. Il ordonna au soldat de descendre. Mais l'homme en rut, grimaça, l'injuria et par défi frotta ses grosses lèvres jaunes contre celles de sa partenaire.

Le spahis marocain perdit tout son sang-froid, et prenant son browning, tira trois fois sur l'Algérien. Un cri atroce fit se lever toute la salle. Lysia Schill affaissée, faisait basculer les tables. Les trois balles l'avaient atteinte dans le dos. La caissière affolée, avait enjambé le comptoir, faisant dans cet effort, craquer jupe et bas. Craignant les policiers bleus, des gens galopaient vers l'escalier. Alors, écartant les buveurs entassés sur les marches, Egon, parut les yeux exhorbités, les cheveux devenus tout blancs. Ce fut un jeune vieillard qui se pencha sur la robe perlée qui n'enserrait plus qu'un cadavre.

Dans le brouhaha, Laag-ould-el-Mecky s'était enfui.

On le retrouva au petit jour, au deuxième étage du gazomètre, près de la gare. Il était cramponné à la rampe circulaire. Il tremblait si fort qu'il faisait résonner les parois de la cuve, à la façon d'une dynamo.

" Party " en burg rhénan

« Mais venez donc souper chez moi, nous avait dit au « Traub », un dancing de Koblenz, la belle Mrs Johanna Lee ». Ses doigts alourdis d'émeraudes étonnantes, glissaient dans les poils neigeux de ses deux policiers, qui, se frottant contre elle, frangeaient de « singe » blanc sa robe de panne framboise.

« Il y aura, ajouta-t-elle pour nous tenter, du vrai Lançon 1911, volé pendant la guerre par l'ancien propriétaire du château; de l'eau-de-vie de Dantzig qui a vu naître Bismark; du caviar au sucre et des fraises à l'éther. Je vous jouerai des blues et chanterai des « Lieder » à l'orgue; mon caucasien vous fera pleurer au son de sa mandoline triangulaire et Yamboo, mon chauffeur nègre, dansera, pour vous, le dernier shimmy de New-York ! Let's go. »

L'Attaché anglais donne, en marks, à « l'Ober » l'équivalent de la dette française en 70 et nous sortîmes dans la nuit claire, joyeuse bande de onze assez bien égayée, je vous jure, par force bons flacons de vins du Rhin, de Moselle et de Sekt. Il y avait l'Anglais aux milliards, deux jeunes étudiants de Bonn, embaumant la verveine, enfarinés et les yeux rougis d'avoir trop lu Freud; un journaliste américain; un ancien colonel de uhlans ressemblant à Primo de Rivera, et sa maîtresse Miru, danseuse espagnole aupplaudie tantôt au dancing; un hollandais massif, venu rafler les coupes de bois; deux officiers de chasseurs mitrailleurs, Johanna et puis moi. On s'empila au petit bonheur dans une longue Mercédès aussi rouge que celle du Kronprinz et traversa le Rhin, à vive allure, sur le pont de bateaux, dans un martèlement d'orage... Des deux côtés, les chiens hurlaient, sauvages et blancs comme des loups de rêve...

Tous les Sammies qui maintenant ont retraversé l'Atlantique, se rappellent à coup sûr, cette ancienne danseuse de l'Opéra de Berlin, devenue américaine et multi-millionnaire par son mariage avec le major Harry Lee. Ils ont toujours le souvenir de cette femme, descendant chaque matin la Rheinstr., sur son sidecar crème, ses deux chiens dans le baquet; ses dîners costumés dans son vieux Burg d'Ehrenbreitstein et ses fêtes vénitiennes sur le Rhin; ses folies et ses excentricités faisant d'elle, l'idole de cette occupation Allen.

Devenue veuve l'an dernier, après l'assassinat de son mari par un allemand dont on a perdu la trace, elle vivait retirée dans son nid d'aigle, surgissant des arbres du côteau dont il portait le nom : un Burg classique de légende comme les aimait Victor-Hugo, parfait pour les Burgraves, à grosses tours crénelées d'une pierre gris-jaune, qui faisait penser, malgré tout, à ces castels moyennageux de carton-pâte, érigés en vingt-quatre heures par les preneurs de films.

Un butler en habit noir et pantalon gris-perle qui avait déjà servi chez Vanderbilt nous introduisit avec une bienveillance hautaine dans le hall, aussi vaste et haut qu'une cathédrale avec ses longs vitraux peints en ogive, sa verrière exquise et son immens elustre en fer forgé de ligne byzantine. Aux quatre coins, de fausses torches en bronze, fichées dans des anneaux du temps, lançaient des flammes de verre rouge, en spirale (ampoules à l'intérieur). Et alors, à profusion, des cathèdres, des chaires, des coffres, des bahuts, des panoplies de tous les âges, une armure de vermeil ayant dit-on appartenu au roi de Bohème : un Musée !

Assis sur une estrade où se dressaient des orgues aussi hautes que celles d'Illbaritz, un Russe gigantesque, fébrilement beau, en roubachka blanche bordée de paillettes multicolores, accordait sa balalaïka... Les policiers sautèrent à sa poitrine en hululant de plaisir.

« Vous ne connaissez point, Messieurs, mon Manoir de Belle au Bois dormant. Johnston, ajouta-t-elle vers le journaliste yankee, est déjà venu l'an passé avant que le général ne s'en aille. On s'amusait un peu plus qu'à présent, old boy. Y en avait-il des bals et des dîners, des croisières sur le Rhin, des chasses à courre, des tournois de golf... Koblenz est mort maintenant... »

Elle était réellement si jolie avec ses cheveux d'un blond tout pâle, ramenés et collés en arrière, que sa figure avivée par la danse évoquait ce soir-là, une bacchante wagnérienne.

« Je vous présente Alexeï Garmovitch, réputé joueur de balalaïka, de Tiflis, venu s'échouer à Wiesbaden pour fuir les rouges. Je l'y ai volé à un dancing. C'est lui qui charme mes longues soirées. Il pince les cordes comme un dieu ».

Et nous passâmes dans une immense salle à manger... Plafond à grosses poutres de cèdre, enluminées naïvement et séparées chacune par une devise gothique ; énorme cheminée de grès rose où s'alignait sur son manteau la plus curieuse collection de pots à bière. Aux murs, de vieilles tapisseries racontaient tout autour les aventures de Frédéric Barberousse... Par exemple, un odeur forte de pharmacie, comme dans une salle d'opération. Le marchand de bois de Rotterdam me dit simplement : « Ce sont les fraises... ». Deux valets de pied en habit Louis XV (deux annamites) assez inattendus dans des atours datant du Bien-Aimé, glissant sans bruit comme des personnages de rêve, faillirent me brouiller avec notre hôtesse. Heureusement la chair exquise me réconcilia avec elle : des bolettes de foie gras au kirsch me plongèrent dans une jouissance inouïe... Et le Lançon et l'eau-de-vie centenaire nous fouettèrent agréablement.

En se levant, elle nous dit, tapotant sa robe : « Vous voyez ici, en hiver, eh bien, je joue au tennis avec Alexeï après dîner. » Et là, un rire de femme saoule, bref et haut.

Pour l'instant le champion de raquette en chambre, nous jouait dans le hall une chose charmante de son pays, « le traîneau glisse sur la neige », je crois. Les cordes de l'instrument rendaient si nettement la vision de la voiture bondissant sur la nappe blanche, avec les sonnailles, les grelots des chevaux et le hurlement des loups qu'involontairement des larmes vinrent voiler mon regard.

« N'est-ce pas que c'est « lovely » ; on se croirait environné de cigales » me murmurait la châtelaine, qui, magnétisée par le musicien, pleurait, la figure tendue vers lui. Les langues méchantes assuraient, peut-être avec raison, que le grand caucasien partageait maintes fois le lit à courtines armoriées.

La mandoline triangulaire s'était tue. On applaudit, ému. Pour faire digression, notre hôtesse conta comment, l'hiver dernier, elle avait déjeuné pas très loin d'ici, près de Bingen, au château de Niederheinbach, avec Stinnes et Lubersac. Avec sa verve d'étheromane et de femme alanguie par les alcools variés, elle nous dona tous les détails de cette réception où perçait l'avarice sordide du multi-milliardaire prussien, l'homme à la barbe courte.

« J'ai dû garder pendant le repas ma cape de chinchilla, croyez-vous ? Oh ! et puis, quand il me baisa la main, ses yeux, ses cheveux : un vrai anarchiste espagnol. Par exemple, Lubersac, un charmeur, oh ! un vrai gentilhomme, comme le héros de Balzac, vous savez... La mort d'Aas aux grandes orgues, vieux garçons ? »

Sans plus attendre, elle avait couru, cigarette en bouche, vers l'estrade, ondulant dans son fourreau de panne pourpre.

Alors, tout de suite, les voûtes du grand hall frémirent d'étrange façon. Johanna Lee jouait si bien que tous nous oubliâmes qu'elle dansait auparavant des blues au Traub, que nous étions en 1923 et que ses escarpins de lamé cerise venaient en droite ligne de New-York. Nous songeâmes aussitôt à une margravine des temps lointains, meublant de sons le vide silencieux du Burg, cependant que son preux guerroie aux Marches. Son jeu était doux, grave et simple ; elle mourait à chaque note, sa tête se renversait en arrière, le regard perdu vers les voûtes...

Aas venait à peine d'expirer sous ses doigts qu'elle nous chanta un Lied triste et pleurard, mais sentant brusquement que cela n'allait point après la navrance de Grieg, elle attaqua sans transition aucune « *We have no Bananas* ».

En même temps bondit d'une porte, un nègre magnifique, aux muscles de statue, en pagne de soie verte. C'était Yamboo, le chauffeur noir de Floride.

« Hulloh ! boy cria-t-elle. Please, dance Bananas the last thing of New-York. Go ! »

Et le nègre, yeux blancs exhorbités dans sa face noire, commença d'esquisser des pas épileptiques, de droite et de gauche, fermant les yeux, puis les rouvrant, faisant les claquettes, dandinant de l'arrière-train, puis repartant dans sa course d'homme ivre, en nasillant dans le plus pur « slang » la fameuse chanson à la mode que tous reprenaient en chœur. A ce trémoussement, son torse devenait un ruisseau d'ébène, ses yeux d'un jaune d'ivoire et son pagne vert-d'eau d'un jade foncé...

Lorsque, durant un bon quart d'heure, il se fut agité, disloqué, déhanché, Johanna lui dit : « Stop », et prenant un grand verre de whisky sur un plateau tenu par un des laquais ridicules, le tendit à Yamboo.

« Drink, old boy !! » Et le noir de Floride l'avala d'un trait avec un ébrouement de gorge, une dilation des narines et des yeux amoureux pour sa châtelaine. Car, en secret, il l'adorait aussi ! Et elle s'en moquait comme une grande dame qui ne se souvient plus des entrechats qu'elle a fait tous les soirs à Berlin, devant la Cour de Postdam et qui méprise ses serviteurs. Entre temps, les annamites Louis XV avaient passé des ice-creams, des cocktails, du champagne. Et l'on buvait. Et l'on buvait. Sur son estrade, dominant le tout, le russe entonnait, silencieux, ses verres de vokdas en disant chaque fois pour nous « Nas drobie ». Yamboo tout haletant encore, qui, près d'une colonne avait l'air d'un esclave Numide aux temps des Césars, vidait au goulot le flacon de whisky en faisant claquer une langue rose et brune.

Le ton, en général, dérivait à l'orgie. Les officiers français, dans des cathèdres buvaient leurs coupes « à la pomponnette ». L'ex-colonel prussien et le hollandais insistaient pour que l'Espagnole dansât. Les jeunes Allemands discutaient fébrilement avec des gestes maniérés.. sous l'égide attendrie de l'attaché britannique. Johanna, venue s'asseoir à côté de moi, voulait à toute force me faire manger la cerise de son « rose-gobbler »... à ses lèvres ! Quant au journaliste américain, il causait à l'écart avec le chauffeur en parlant fort du nez, et en fumant des cigarettes au parfum de figue sèche et de canelle. Subitement, Johanna se leva, complètement grise, et, courant vers les orgues, demanda au russe de jouer la « Chanson hindoue », de Rimsky-Kortschakof. Et cela, la main sur son épaule, tout proche de lui, en chuchotant des choses qui firent briller ses longs yeux verts. Yamboo, excité par l'alcool et la jalousie ne put supporter ce spectacle. Et rompant brusquement son entretien avec le journaliste, il s'élança vers le beau caucasien, comme un jaguar dans la jungle. Ce dernier, qui ne s'attendait point à l'attaque, roula au bas des marches... La mandoline triangulaire fût projetée à mes pieds dans un vibrement prolongé des cordes.

L'Américaine poussa un grand cri. Nous voulûmes intervenir. Mais, transfigurés d'admiration, elle arrêta notre geste. Cette femme abrutie par l'éther, renaissait à cette vision brutale. Les deux hommes, à terre, luttaient avec des grognements de bête fauve. Le noir, plus libre qu'Alexeï avait pris le dessus et le tenait serré sous ses genoux lorsque le musicien agrippa, d'une main restée libre, son crâne crépu. Yamboo fit une grimace si drôle que Johanna ne pût s'empêcher d'éclater de rire. Mais sa joie se figea. Le chauffeur qui, dans le combat avait perdu son pagne, avait lâché le russe et, tel un bronze antique, s'était rué vers elle. Dans l'espace d'une seconde, il noua fortement ses grosses mains aux ongles oranges à la gorge de la jeune femme. Déjà nous avions couru. Le nègre nous bouscula et poussant un clameur sauvage, sauta sur le rebord d'une fenêtre ouverte pour s'élancer, surprenant démon noir, dans le vide... On entendit un bruit mou et dur à la fois, perdu dans un râle très long. On frissonna. Mais notre hôtesse, la chevelure éparse, avec un geste des épaules de femme grise qui voulait dire « que voulez-vous que j'y fasse », ordonnait, très maîtresse d'elle-même, comme si de rien n'était, de reprendre cette chanson hindoue, si sottement interrompue !

Au même moment le clairon du fort d'Ehrenbreitstein sonnait la diane dans le frais du matin.

Et voilà, Messieurs, comment l'on s'amuse, la nuit, dans les vieux Burgs du Rhin !

Zone occupée

Trois coups tombèrent en feuilles mortes des coupoles bulbeuses de l'église russe, avec un son de guitare hawaïenne. Frantz von Spira frissonna sous le soleil brûlant et triste de juillet. Il manqua un éternuement.

Jamais Greté n'avait été si longue. Une pluie fine et colorée vint danser devant sa rétine d'homme qui n'a pas mangé depuis la veille. A onze heures, il a sucé une glace vanille et framboise couleur des taxis de Coblence. Ce n'est pas suffisant pour soutenir un corps de vingt ans.

Frantz était, avant la guerre, le fils d'un banquier israëlite de Dusseldorf. La dégringolade du mark l'a fait échouer à Wiesbaden où il s'adonne à des métiers obscurs. Après avoir été violoniste dans un dancing de troisième ordre, groom dans une maison de jeu, garçon de course dans une banque de la Wilhelmstrass, le voici courtier en cocaïne. Il fait la navette entre la ville d'eaux et Francfort, aidé par Greté Waul, sa petite amie, ex-dactylographe d'un architecte. Le trafic suivait une courbe descendante. Les fonds étaient en baisse. Il était forcé de prendre le train cet après-midi pour Francfort, au lieu du taxi de luxe loué habituellement devant le jardin du Casino. Greté devait venir à deux heures; le rendez-vous était à l'église russe de la Michelsberg. Il ne l'avait pas vue depuis la veille, car elle avait dû chercher le prix du voyage en chemin de fer, en allant flirter dans des bars avec des marchands de bois américains ou des officiers anglais de Cologne.

Il essaya de se distraire au spectacle de la rue. Une femme en grand deuil, cheveux blancs, crêpe au vent, passa en zigzaguant sur une bicyclette à moteur. Elle remorquait par une ficelle un chariot plein de pommes de terre phtysiques, où se roulait un bébé en maillot, hurlant comme une meule aiguisant un couteau. Les trottinettes des gamins passaient et repassaient comme des petits poteaux télégraphiques vus d'un wagon, dans un bruit adouci et berceur de rames de métro.

Une petite fille fila sur ses patins à roulettes, dévalant sur la pente à 30 à l'heure.

Franz heurta le trottoir rèche et chaud du bout de son jonc déverni. Il y eut en lui un diorama de souvenirs.

Septembre 19... Le golf de Dusseldorf. Le Rhin bleu, limitant le green... Clara von Rismeuth la fille d'un ex-ministre du Reich, éprise de Gorki. C'est un soir, avec elle, qu'il avait pris sa première leçon de golf avec cette même canne. Quel Franz différent, meilleur. Dans ce link rhénan, la vie saine, heureuse. Dans cette rue malsaine et chaude de Wiesbaden, la boue que rien ne peut enlever...

Le quart de la troisième heure ayant sonné en ricanement bref, il secoua sa léthargie d'attente, et, tout engourdi de tristesse, de soleil, de jeûne, il descendît en courant la Michelsberg.

La Wilhelmstrasse paraissait dans son vide dominical, inquiétante, grandiose, comme un jour de révolution entre deux bagarres.

Derrière la grande baie du Park-Caffée, il aperçut Greté en compagnie d'un jeune officier anglais. Il fit un signe. La jeune fille comprit. Elle prit son sac et disparut dans le fond de la salle pour reparaître, un instant après, sur le trottoir, après s'être échappée par les lavabos. La demie de quatre heures sonna candidement à la chapelle luthérienne, située au bout du Parck.

Greté apportait un butin frais de 100 marks, gagné en 24 heures, avec un sous-lieutenant de Cologne.

Franz emprunta un pas militaire, car le train partait à cinq heures. En un instant, il retrouvait toute sa lucidité, amoindrie par l'attente.

Ils traversaient Wiesbaden, désertée au profit des courses. Dans le grand terrain d'un Club sportif, craquelé comme une aire de fabricant de tuiles, des collégiens jouaient au football sous le soleil blanc. A travers la grille de bois, un capucin qui ressemblait à Maximilien Harden, les regardait courir en compagnie de son basset.

La Hauptbanhof de briques rouges. Des ouvriers indolents réparaient la cloison d'un guichet, qu'une bombe venait de démolir deux jours avant.

L'employé d'un guichet réparé, lui annonça que la voie ferrée de Wiesbaden à Francfort venait de sauter. Les rails ne pouvaient être rétablis que tard dans la soirée. Le trafic était interrompu. On croyait de source certaine que c'était un attentat des nationalistes.

La guigne est pour moi, se dit Franz. Et pour la chasser, il monta majestueusement dans le plus beau taxi de la gare. Il donna l'ordre de se rendre au champ de courses. « Tentons la chance, fit-il à Greté, qui se renfermait dans un scepticisme raisonnable ». Il était encore temps de parier pour la quatrième course, un steeple. Von Spira consulta son bracelet-montre. Cinq heures. Il mit 80 marks sur le numéro 5, Kaiser Wilhelm.

Le poulain, à nom impérial, qui se classait troisième au départ, dépassa son concurrent Over Arm, au bull-finch. La tête du peloton, un vigoureux pur-sang noir d'un éleveur anglais dégringola à la rivière, permettant à Kaiser-Wilhelm de faire une arrivée triomphale et de gagner le prix de Rudesheim.

Le cheval rapporta trois mille marks à Franz. La courbe remontait. Greté l'embrassa au Pari Mutuel.

Dans le retour solennel des courses, les deux jeunes gens respiraient la brise fraîche de six heures, descendant du Taunus.

Tout fier de son succès, il échaffaude des rêves. Il se voit mâchonnant un gros cigare Jagstafel de Hambourg, dans le jardin d'une de ces villas italiennes habitées par des « shiebers ». Dans quelle entreprise pourrait-il se lancer ? Accepter de faire partie de la bande Neumann, propagande anti-séparatiste en vue de la proclamation prochaine de la république rhénane ?

Ce Willi Neumann, soi-disant marchand de bois de Stockolm est un ex-ober-lieutenant des hussards de la mort. Il lui a bien souvent demandé de s'enrôler dans ses rangs. Qu'attend-il ? Il ordonne au chauffeur de se rendre au « Wilhelma », le grand dancing, au bout de la Wilhelmstrasse. Il est sûr de trouver le chef de bande. Sous l'éclairage néo-chinois de la grande salle, il aperçoit, abrité par la grande crinoline vert jade d'un abat-jour, l'état-major en question, éclairé par la teinte hyaline, comme des petits batraciens réunis sous un champignon vénéneux.

Neumann est entouré de ses aides de camp : un Persan trapu, expulsé de son pays de roses, un Japonais au rire de cigale, aux cheveux coupés à la Foujita, et un tchéco-slovaque qui ressemble à Shelley. Deux jeunes Allemands, au crâne poncé et monocle ; un petit bossu espagnol, aussi laid que les nains de Velasquez terminent la cour avec Pola Riedsen, la maîtresse de Willi. C'est une ex-danseuse de Leipzig, au regard fatigué de veilles, aux cheveux d'ananas, effondrée, dans un fourreau de taffetas beige, au fond de son Morriss grenat : « Ich bin müde, fait-elle en regardant venir Franz ». Elle écrase sa Batschari dans le cendrier pour lui serrer la main.

« Je crains que la table ne soit pas assez grande », fait Neumann, en s'inclinant devant Greté.

Le jazz-band munichois en tenue de tennis joue « Im hôtel zu Grünen Wiese », le morceau préféré de Pola. Cette musique la réveille de sa torpeur et elle part au bras du gros Persan. Le dancing est plein. Retour des courses. Les lorgnettes près des tasses de thé, ou des sherry-gobblers.

« Eh bien, c'est entendu, cher Franz », fait l'ex-oberlieutenant en prenant une longue Batschari cordon rouge.

Von Spira l'écoute, congestionné par son gain sur Kaiser Wilhelm, ce retour en auto, ce manhattan qui brûle après la fraîcheur du Taunus.

Son futur patron lui promet des mensualités de shiebers. Il lui signe un chèque de 10.000 marks.

Ils parlent tous deux à voix basse pendant que les comparses dansent. Sous l'éclairage verdâtre, ils élaborent des plans.

Au rythme syncopé, von Spira voit enfin que cela arrive. Le graphique se relève.

Ils regardent distraitement les couples, les tables pleines des échantillons les plus curieux de tout le rebut des nations venu s'échouer comme un banc de poissons sur ce littoral du Taunus. Spéculateurs, courtiers marrons, souteneurs, invertis. Marée houleuse qui vient chercher dans le fracas du jazz, un stimulant à ses malhonnêtetés.

Aériens, dans le fox-blue, Pola et le Persan virent avec une grâce professionnelle si fine qu'une Portugaise, ravie d'admiration en pose ses lorgnettes de course dans un seau à champagne pour joindre les mains.

⁂

La longue Mercédès carrossée en canoë indien s'est arrêtée devant l'Altona-Club. C'est le quartier général des conspirateurs nationalistes qui, soldés par un milliardaire berlinois, complotent et s'agitent, faisant la navette entre Francfort leur P. C. et Wiesbaden leur champ de bataille, où l'on peut opérer facilement, perdu dans le flot cosmopolite des baigneurs.

A mi-chemin du Neroberg, Neumann a installé son état-major dans une villa due au talent d'un Mallet-Stevens munichois; paquebot miniature en ciment armé, au milieu d'un petit jardin de résidence romaine. Une verrière octogone brasille, orange et bleue, au-dessus du portique à colonnes ioniques. Sur le seuil, un portier gigantesque, chamarré, décoré, leur ouvre la portière. « Il ressemble à Ludendorff », déclare Greté.

Von Spira n'est jamais venu et le grand hall, (dalles, murs et voûte en rotonde de mosaïque rouge, avec ses quatre statues de marbre noir aux angles le surprend. On dirait un hammam ou l'intérieur d'une gare allemande. De chaque encoignure du plafond, surgissent quatre longs bras de bronze aux muscles géants dont les poings supportent, au milieu de la salle, un plateau égyptien en cuivre.

Dans les orbites vides d'une tête de mort, trois fois grandeur nature, luisent des ampoules rouges.

Effrayant, hideux, macabre, d'un Caligari de fort mauvais goût. L'ascenseur les transporte au premier étage, où les pièces donnent sur une galerie circulaire.

Neumann ouvre la deuxième porte à gauche, en cuivre repoussé, ornée en son milieu d'un cabochon bleu ciel, pouvant servir de judas.

L'huis grince comme une mouette. Une longue pièce tendue de parchemin roux les accueille. Deux bibliothèques aux murs. Une table recouverte d'un tapis vert jonchée de dossiers multicolores, de cartes d'état-major.

« As-tu fini de taper le compte rendu pour la voie ferrée de Wiesbaden-Francfort ?

Neumann le lit attentivement, avec un front serein. Il le tend à Franz, puis va réveiller l'appareil de T.S.F., pour se mettre en rapport avec l'agent secret de Francfort. Le jazz band de balle dum-dum s'envole dans l'éther, un moment puis s'arrête.

Willi s'est assis dans son fauteuil présidentiel, avec gravité. D'un ton bienveillant, il fait l'apologie de son œuvre.

La propagande sournoise, accompagnée d'actes, est financée par Heinrich Stutz, le roi du caoutchouc, de Berlin. Il suffit de faire avorter par tous les moyens les projets de Mathès et de Dorten.

Huit coups sonnèrent à l'horloge de bois.

« Je vous emmènerai demain chez le docktor Otto Schreib. Je vous présenterai à lui. C'est notre grand manitou. On vous fera jurer sur les règlements.

Voici nos méfaits : Le 25 août, une bombe au passage de l'express Paris-Wiesbaden, entre K. et E. Le 26, une autre dans la gare de Wiesbaden. Le 29, sur la ligne de Francfort, c'est-à-dire aujourd'hui. »

Un dossier de listes noires attire un temps l'attention du jeune homme, mais Neumann ne le lui laisse pas feuilleter : il l'entraîne déjà hors de la salle du Conseil présidée par un tableau du général von Seckt et de photographies des membres du C. A. N. (Comité d'Acier Nationaliste).

On lui fait faire le tour du propriétaire. Willi lui montre les salles de stupéfiants où des membres femmes du Comité attirent des personnages importants raccolés dans les dancings, pour leur faire livrer sous le coup de l'opium ou de la cocaïne des documents importants ; la salle de rédaction, de dactylographie, le salon des fêtes où l'on boit un champagne d'honneur, au son de la marche d'acier du Comité, jouée au gramophone.

Après avoir vidé quelques bouteilles de Sekt, Willi emmène Franz dans les sous-sols où se trouvent les dépôts de munitions, de tracts de propagande, d'affiches. Tout cela net, astiqué comme dans les sous-sols d'une banque londonienne.

Au bout d'un long couloir, Neumann s'arrête devant une triple porte blindée comme un coffre-fort. Rapidement, il laisse voir trois personnages assis sur des chaises, et enchînés. Trois prisonniers séparatistes qui attendent leur jugement. Von Spira reconnaît le plus vieux : c'est son père qu'il n'a pas vu depuis six ans. Il ne s'était jamais entendu avec lui. Il n'en a pas moins un petit pincement de cœur.

« Ils seront fusillés après-demain. J'ai demandé au tribunal d'Otta Schreib un jugement très sévère. »

Franz va-t-il laisser tuer ce vieillard enchaîné derrière ces trois portes de fer. D'un autre côté, révéler son identité à Neumann serait se compromettre. Sa situation très lucrative est anéantie.

« Le nom du vieillard est Samuel Spüns, un tailleur juif du Palatinat, déclara l'ex-officier de hussards de la mort à la question du jeune homme. Un type très dangereux. Je ne le raterai pas. »

Pendant que Neumann lui montre la salle de dynamite, où la mèche est prête pour faire sauter le club en cas d'invasion de force armée, Franz songe à son enfance. Dans le jardin de la ville d'Oberkassel, il revit sa mère frivole et grasse se balançant dans un hamac américain recouvert d'un parasol. Des Dobbermann jouaient autour d'elle avec un petit garçon bouclé, lui. On entendait passer le fifre du régiment de chasseurs. On voyait parfois son père, venir, le front soucieux chevauché de ses lunettes, discutant avec son secrétaire, qui fumait une pipe de porcelaine représentant le grand Frédéric.

Et l'horreur de son nouveau métier, de tous ses emplois honteux vient le serrer à la gorge. Il et seul avec Neumann. Une bouffée d'air frais vient rafraîchir par le soupirail son front enfiévré de champagne. La pluie tombe à torrents dans le jardin romain, noyant statues, cyprès, buis et hortensias.

Ses mâchoires se crispent. Après-demain, son père, le comte Abraham von Spira, directeur de la Oberkassel Bank de Dusseldorf, sera passé par les armes, dans ce cachot comme en Russie bolcheviste...

Lui-même, Franz, sera peut-être un jour à la merci d'une délation.

Il songe tout à coup à ses études chez les Jésuites de Dusseldorf. Il se rappelle un sermon. La justice divine.

D'un swing, il envoie rouler Neumann sur la dalle.

Allumant son briquet, il l'approche rapidement de la mèche, et s'enfuit dans les escaliers.

Comme un bolide, il traverse le grand hall rouge, bousculant le portier.

Dans l'averse, des pas cloutés retentissent durs, secs sur le trottoir recouvert d'escarbilles avec un bruit de pain grillé mâché. C'est une patrouille de tirailleurs sénégalais.

Tout haletant, il saute dans la Mercédès.

La villa de ciment armé explose, feu d'artifice inoubliable au milieu d'une orgie de lumière.

Pressant sur l'accélérateur, il se laisse emporter vers le Neroberg, sous la forêt aux arbres wagnériens.

En haut, dans le petit temple de marbre blanc sur la terrasse d'où l'on domine Wiesbaden, il contemple la ville illuminée, et ce brasier tout neuf, où flambe le C. A. N. Debout, dans le vent froid du Taunus, devant cette cité vouée aux plaisirs, aux conspirations, dans le désordre de son cerveau, il rêve soudain, comme Ignace de Loyola, de fonder un nouvel ordre, pour racheter ses fautes.

A moins que demain soir, il ne passe la frontière à Grisheim, dans le chemin des pommiers, avec ses kilogs de cocaïne.

En recherchant Amiel
dans un jardin rhénan

Pour Mlle Vacaresco.

Je suis allé flâner ce soir, apres dîner,
aux alentours du palais rose
où l'archevêque de Trèves
venait jadis passer l'été.
Sur son toit long d'ardoise, enneigé par la lune
le drapeau vert-blanc-rouge des révolutionnaires
frémissait à la hampe : flamme de punch dans la nuit.
Je voulais fuir les fièvres et les cris des bagarres
et rêver quelque part dans ce garten du Schloss.
Une pergola de bois rouge, alourdie de jasmins
comme il y en a à Arnaga, m'offrit une retraite d'ombre
[parfumée.
Une fraîcheur morbide et la mâle chanson nocturne du
fleuve de légendes me grisèrent aussitôt. De la Moselle,
des clochers jumeaux de la Kastor Kirche, dix coups
sonnaient, humbles et tristes, comme ceux des couvents
le soir, en pays basque.
Et je me sentis vite environné de souvenirs et de fantômes
ce banc de marbre bleu était tout tiède encore
depuis les soirs de mai, où le front enfiévré de l'empereur
Napoléon, venait chercher
au sorbet de la pierre, le bien-être d'une heure, après
les promenades sur les cartes. Ce bruit sec, dans
les massifs de dalhias, n'était-ce point
le sifflement du stick de Guillaume II; je
croyais voir dans une allée lointaine
une ombrelle oubliée par la kaiserin Augusta
et ce reniflement dans les mauves lilas
était peut-être, celui du king-charles blond
de la princesse Louise de Prusse;

Quant au frémissement de papier, au sein de
narcisses; c'était, je crois, celui dés pages d'un volume
laissé négligemment par ce distrait Amiel !
Amiel, nom délicat, plein de mièvre langueur
J'aurais voulu, ce soir, en ce jardin charmeur,
vous parler de moi-même. Vous en auriez
compris le langage de frère, et son vide sensuel
et sa tour d'ivoire; son ignorance des plaisirs
les duperies de sa sagesse, les battements précipités
mais en marge des autres, de son cœur;
cette recherche d'inconnu... Amiel... Ah ! si
je vous avais connu, lorsque, lecteur exquis
de la défunte impératrice, vous habitiez ce
palais rose de Coblence, nous serions
allé voir tous les coins d'alentour.
Nous aurions remonté la Moselle et le Rhin
et nous aurions grimpé, au crépuscule, sous
l'équestre statue de Guillaume Ier, pour voir
Coblence s'endormir. Nous aurion évoqué
les légendes rhénanes : celle de ce rocher
de Rittersturz, du haut duquel
un soir de neige, un amoureux déçu
se jeta dans le fleuve, avec son cheval blanc.
Joséphine, je crois, alla rêver sur ce roc gris
laissant flotter dans un ciel de septembre doux
son écharpe créole au coloris citron.
Nous aurions visité ce couvent très lointain
des moines capucins d'Arenberg, où le
jardin est naïve copie de celui des Oliviers à
Jérusalem. Nous aurions... mais
au bas du grand mur de clôture, sur l'avenue
de la Prinzess Luisa, des autos glissent, sans
arrêt, moteur au ralenti, portant sur leurs
coussins de velours fin, des femmes richement
parées, au bal du Haut-Commissaire anglais.
Nous aurions aimé Goethe, en descendant le fleuve
vers Mayence, sur un de ces bateaux tous blancs
mollement engourdis, par l'arôme du soir, la
poésie des burgs et la musique colorée des
nom des villes riveraines : Saint-Goar,
Bingen, Rudesheim... Nous aurions dit des vers

du grand Victor Hugo et de Guillaume Appollinaire,
au tournant du rocher si beau de Loreleï.
On aurait poussé jusqu'à Wiesbaden même
avec l'heureuse promesse de ses parcs verlainiens
et de sa brise du Taunus.
　　Fantôme délicat, je vous cherchais dans les allées
de ce grand parc, lorsque je dérangeais un
couple d'amoureux, blotti sous les branches
rosées d'un arbre de Judée un garde-vert
séparatiste et une dactylographe anglaise
Pourquoi choisir, vous deux, ce jardin tout
rempli d'épopées, de poésie et de mélancolie.
Vous me faites penser à Versailles pollué de
sans-culottes, ivres de *Carmagnole*; à Tsarkoïé-Selo,
garni de bolchevistes, gris de sang et vodka
en chantant du Bizet.
Ah! vous avez suffi, amoureux de ce soir
pour rompre tout le charme.
Et j'ai fui ce jardin rhénan, tout imprégné
d'Amiel, pour aller ouïr en un cabaret,
proche de la Moselle,
des airs très nostalgiques, allemands ou bien slaves,
au rythme bouleversant des balalaïkas.

Le cycle américain

Psychologie

Dix-neuf heures trente... Un brouillard parfumé où la rue de Rivoli, rayée comme un disque de gramophone, vibre sous le diaphragme invisible des autos. Au Meurice enfiévré une humanité à change étiré s'habille pour le soir. Névrose rituelle et vespérale des palaces : lifts mués en monte-charges et bondés de cocktails polychromes, de fleuristes étouffées sous des jardins de Riviera, de manucures congestionnées de potins et de romantiques coiffeurs cliquetants ainsi que des officiers prussiens ; vagissements des pékinois près des miroirs, où les vieilles beautés apprécient le génie d'Elisabeth Arden ; grooms changés en trolls d'Ibsen ; téléphones bruissant comme les nuits d'été...

David Ryce-Brohn éteint le plafonnier du cabinet de toilette, et son monocle inutile vient se poser sur l'eau comme un pétale de magnolia à terme. C'est pour lui, le meilleur moment de la journée : car sous l'obscure imprégnation du bain, il goutte une sorte de petite mort brûlante à la résurrection quotidienne toujours plus nutritive en fraîcheur, en orgueil et en jeunesse. Et cependant qu'engourdis par l'avion de Croydon, ses membres se détendent, il clapote en rêvant à Picadilly, aux soixante-douze heures exquises, riches en patrouilles excitantes dans tous les night-clubs du West End ; en pèlerinages chez Wilde ou Byron, et en audience princière à Saint-James, où une altesse en pyjama lui secoua de bien durs cocktails, mélangés d'histoires canadiennes.

Dans la pénombre verdâtre, David sourit à ses dernières nuits de Londres et à toutes celles d'Europe ; ce petit continent, d'après lui ; carte vivante éclairée des blancs équerres des T d'atterrissages et tant de fois franchie en météore. Car l'avion est son sleeping habituel ; il en aime l'ouragan domestiqué, la musique d'abeille et la ligne d'oiseau marin qui lui a permis, une fois dans la même semaine, d'aller de Paris, danser à Zakopane chez le prince Radziwill ; voir finir de brûler ses naphtes à Bucarest et présider, à Berlin, une conférence sur Proust.

Les femmes, les affaires et la littérature : trois facteurs, triple fièvre dont la poussée chronique a su curieusement conserver ce très prochain sexagénaire, réminiscence frappante de feu Lawrences, le peintre, et souvent pris pour quelque original aux cheveux habilement poudrés. Une vieille dame cosmopolite affirme qu'il participe des dieux. Enfant chéri de Mercure, familier des princes, commensal de tous les nobles Faubourgs du monde ; voilà matière à oublier un aïeul, laveur de cadavres cinquante années auparavant au ghetto de Szegedin.

Ce soir, au fond de sa baignoire, il y songe inconsciemment : il ne l'a pourtant jamais connu Chaïm Brohn, avec son caftan mousseliné de crasse, ses joues couleur de poulet mort et ses papillottes de petite fille sale. C'est, dans sa mémoire, un être flou de brouillage d'écran. Et de cet homme lointain, si rarement évoqué, il a toujours évité le pays natal, comme si interdit ou malsain. La psychologie enfantine flaire souvent les mystères. La sienne s'inquiétait du ton gêné avec lequel on parlait de la petite banque du grand-père Chaïm. Son maigre rendement avait permis tout juste à son fils Jakob, devenu orphelin, de s'exiler aux Etats-Unis. Le jeune homme avait rompu tous liens d'avec son pays.

Sitôt fixé à Washington, il s'était camouflé en citoyen yankee et avait maquillé son nom par trop sémite en le faisant précéder de celui de sa femme, Dolly Ryce, prétexte connu pour rejeter petit à petit un gênant patronyme. Brûlé de bonne heure par le trust de pétroles compliqué de celui des railways et surtout par un immuable souci qui fripait son grand front, il ne s'était jamais occupé de David. La France fut pour cet orphelin une sorte de patrie avant qu'il n'en eût plus du tout. Sa mère s'était installée à Paris sitôt son veuvage pour se remarier un an après avec le duc Rogatien de Gouines, un fade snob de série qui mourut stupidement, à Cannes, en se frappant la tempe avec son club de golf. Dolly était de ces Américaines fréquentes, guidées par la raison dont les ambitions ne varient guère : millions et couronnes ducales. David poussa dans un milieu frivole. Il était heureusement intelligent. Et l'atmosphère du vieux faubourg combiné de collège anglais fut une patine appropriée pour faire, habilement dosée, un parfait gentleman. Le petit-fils du laveur de cadavres, n'avait qu'à offrir ses puits et ses chemins de fer à quelque vierge du Gotha. C'était le grand désir de la duchesse Dolly. Mais l'homme de sa trempe, en international qu'il était, ennemi du cours régulier des choses, préféra rester libre, imbibé d'égoïsme et de poésie, inassouvi de trust et de Don Juanisme.

Dans l'ombre du cabinet de toilette, il ricane doucement. Tout à l'heure, chez sa mère, on lui offrira sûrement, à l'heure du café, une centième victime. « Non-sense » affirma-t-il en baillant.

Mais quel est ce vacarme ! On dirait Sorel dans le deuxième acte de la *Mégère Apprivoisée*. Son domestique japonais laisse passer son petit nez de bouledogue et ses paupières rendues normales par l'étonnement. Une inconnue désire lui parler. Et déjà, par la porte entr'ouverte, elle crie qu'il est superflu de sortir de son bain. Il lui suffit d'apercevoir sa tête émergeant de la baignoire comme un vase précieux fait de neige et d'ivoire. Une originale, une sadique ! Et il songe ridiculement au drame Corday-Marat. La Charlotte est vêtue d'une cape de lamé noir laissant entrevoir une robe comme tissée de gemmes et feuillue d'émeraudes. David peut dire simplement : « Je... je... ». « Oh ! je ne suis ni une hystérique, ni une communiste sous pression, ou l'envoyée d'un grand journal américain, mais une réfugiée de Vilna, cette ville indécise et maudite que se disputent deux propriétaires. Je suis heureuse de voir que la structure de votre crâne rappelle intensément celle d'Alcibiade, et que l'arête de votre nez est très Baudelairienne. Pourquoi vous teignez-vous en blanc ? Et je frémis au moment printanier où je pourrai vous modeler les traits. Je ne suis pas folle du tout, je suis sculpteur, M. Brohn ! J'augure toutefois que vous devez être assez stupéfait de voir une femme en toilette de soirée troubler ainsi vos ablutions. Mais, je suis une victime des bolchevickis. Ils ont brûlé mon atelier et j'ai été forcée de m'établir à Saint-Cloud où je joue ma petite Chana Orloff pour vivre. J'ai un certain talent et me suis fait un nom. Mes œuvres les plus renommées sont le pékinois de Paderewski, le buste de la princesse de L..., la calvitie de Stresemann. Je vous vois très bien dans le rôle d'Hamlet, bien qu'en ce moment... ». Un rire calme interrompit sa période.

Le boy croit bon de faire jouer au Decca le dernier Heebie Jeebie du Critérium de Londres. La Polonaise se poudre de bleu les paupières et boit un verre de porto :

« Voilà qui va remettre mon oratrice anonyme ! » fit narquoisement David, en laissant émerger ses orteils, cryptogames aquatiques ou bouées de rêve. Le cosmopolite qu'il est, habitué aux situations bizarres, trouve charmant cet intermède. La femme-sculpteur enlève sa résille de strass, secoue ses cheveux noirs, puis s'asseoit sur la table. Elle prend deux marrons et, la bouche pleine :

« Plus de mystères : je m'appelle Ignatia Borcz. Mon père était colonel d'un régiment de Faucheurs de la Mort. Raoul de Navery parle de lui dans un de ses livres. Vous avez dû entendre parler du docteur Sepie Borcz ! C'est lui : un savant bien connu dans le monde scientifique pour ses études sur la sexualité des reptiles. Il est mort fou, après avoir réuni les éléments d'une collection malheureusement incomplète et dispersée maintenant : elle était unique au monde, composée des prunelles et des organes reproducteurs de tous les serpents du globe. J'ai donc grandi dans un atmosphère musqué. Il y avait des choses terrifiantes chez lui. Je me souviendrai toujours, avec angoisse, d'une pieuvre naturalisée, posée sur une colonne de bois noir, dans un coin de son cabinet de travail. Cette bête offrait à mes yeux d'enfant l'apparence d'un monstrueux tradesquencia.

« J'ai eu dernièrement la joie de faire le buste de la duchesse de Gouines. »

David la fixe, interloqué ; puis, croyant comprendre, et l'interrompant, pour devancer ce qu'il sent devoir venir : « Vous venez prendre une commande, Mademoiselle. Ma digne mère vous a sans doute envoyée pour me sculpter dans toutes les positions. Si vous voulez une première esquisse, mon académie est encore bonne ».

« C'est inutile, fait-elle, énigmatique. Madame de Gouines m'a souvent parlé de vous, pendant les poses ; et ce soir, je dois vous retrouver à dîner chez elle. Je ne crois pas me tromper, en affirmant qu'elle me témoigne une grande sympathie. Elle voudrait beaucoup vous marier... et... je ne sais pas... je voulais me faire une opinion de vous avant cette première rencontre. J'espère, M. Ryce, que vous ne m'en voudrez pas trop et, que tout à l'heure, à table, vous ne laisserez rien paraître de ma désinvolture. Je suis excusable : gosse, j'étais déjà très fantasque ; depuis la guerre, ça n'a fait qu'empirer. Non, non, ne me reconduisez pas ! » conclut-elle ironiquement en se dirigeant vers la porte.

On entend dans le couloir les plaintes du lévrier qui erre, chaque soir, Don Juan à quatre pattes, en quête d'aventures.

Et c'est tout. Ignatia Borcz a disparu, incompréhensible, charmante et audacieuse.

« Quelle femme ! » se dit David, en revêtant sa robe de chambre.

Il pousse un « Hulloh » de contentement, enfourne un marron glacé dans la bouche du boy et déclenche au gramophone un black bottom. Une minute, il se recueille, tout en marchant de long en large et se maquillant légèrement, pour effacer les fatigues d'outre-Manche. Mais, sans arrêt, le haut-parleur, réveillé par le Japonais, annonce les fiançailles d'une vedette de cinéma et répète inexorablement le dernier discours de M. Poincaré, soudain interrompu par le secrétaire nègre de David. Ce dernier fait irruption dans la pièce, un peignoir de sport dissimulant ses caleçons de boxeur ; Cosmo Bighuru vient de prendre sa leçon avec un élève de Al. Brown. Ryce Brohn, gâte beaucoup son personnel, car il en aime l'exotisme. Le secrétaire en question n'a de nègre que le teint, avec ses traits appolloniens, ses yeux bleus et ses cheveux de professionnel de dancing. La gaîté de son maître le rajeunit de dix ans, et, comme il n'en a que vingt, la pile de dossiers qu'il porte va brusquement atterrir sur le lit. Et, subtil, très gamin, il se lance dans un ballet russe.

« Vous me rappelez Doline », remarque David, qui vient de le voir à Londres.

Puis, sautant presqu'au cou de son maître : « Il ne faut jamais m'abandonner, Sir ; une princesse russe a failli me voler hier soir, et ce matin, une chanteuse grecque ! »

Cosmo est toujours anéanti d'admiration devant David : sentiment naturel, puisque son maître l'a sauvé dans un accident de chemin de fer, en Amérique. Alors, c'est le plus doux, le plus docile des esclaves : esclave nouveau genre, puisque gradué d'Harvard, parlant dix langues et possédant un tel usage du monde, que souvent son maître l'y emmène, par caprice de grand seigneur. David a toujours recherché l'objet de prix.

Jaloux, certainement du radiophone, le téléphone détruit d'un coup les danses du Prince Igor et du Sacre du Printemps.

« Coupez tous liens d'avec le reste des mortels ! » crie David, en endossant sa chemise de soirée.

« Mais, Sir, c'est le baron Mosheim; il rappelle que le tournoi de golf aura lieu demain, chez lui, à Chantilly. »

« Oui ! Eh bien, répondez que je suis dans une maison de santé. »

Et l'on entend le claquement sec de la perle entrant dans la boutonnière, qui rappelle le bruit du chien d'une carabine Flaubert.

« Mais, crétin, raccrochez, ou bien, nous allons devenir dingos. Main-Bio, donne-moi une abdulla, et un peu de sandeman. Ignatia, fille de Faucheur de la Mort, je vais boire vos pensées ! »

Perché sur le dossier d'un fauteuil Directoire, Bighuru reçoit dignement et acrobatiquement les distractions des P. T. T.; et c'est Irfé qui promet pour ce soir la robe de lamé serpent, une agence aéronautique offrant des merveilles de parachutes, ou le vin Marianni réclamant une photo dédicacée pour son album; Lina Cavalieri s'excusant de ne pouvoir envoyer la masseuse pour 8 heures; une voix bourrue acceptant le prix convenu pour les deux yachts russes à vendre en rade de Naples. Les demoiselles du tléphone semblent avoir pris, ce soir, David, comme poste collecteur de toutes les communications parisiennes. Grande joie pour Cosmo !

Les volets du standard battent isolément comme des strapontins à une générale, ou bien tous, à la fois, fusillade d'Hotchkiss. Et cela énerve Ryce Brohn, qui, perdant tout sang-froid, se rue, en caleçons, à l'appareil, criant brutalement qu'on l'emm.... copieusement.

« Damn it all, grogne-t-il, en rejetant l'écouteur. »

C'est la duchesse de Gouines, qui l'avertit de ne pas se mettre en retard.

*
* *

Pudiquement drapé dans son peignoir, Bighuru s'empresse d'ouvrir des dossiers multicolores.

Son maître n'est point dans lo tenue habituelle du businessmann, mais en chemise et en coleçons de soie courts.

Agrément des courriers en retard : immuables requêtes de capitaux pour gisements de brouillard ou sociétés fantômes ; lettres d'amour ou de chantage, qui, bientôt viennent fleurir le tapis de camélias froissés. David s'occupe d'affaires, comme un désœuvré d'une écurie de courses ou d'un élevage de lévriers. Pendant qu'il prend connaissance d'une lettre de la firme de cinéma Lucius de Berlin, la T. S. F. grésille, sans doute parce que de Stockolm, on annonce l'incendie de deux mille hectares de bois achetés par lui trois jours avant.

Le mémoire de la flotte de Wrangel, va se poser doucement, comme une buse, sur un guéridon. Avec des gestes d'infirmière, le boy agenouillé sous la table, met les chaussettes de son maître.

« Flûte, fait ce dernier... » Et son pied se détend, renversant nippon, les pieds en l'air, comme un tabouret.

Enfin, David est prêt. Devant la grande psyché, il mire son étonnante silhouette de dandy sexagénaire. Il se trouve encore beau.

Il est prêt à sortir, lorsque la porte s'ouvre : comme un voleur, Mayur Porga, poète hindou, fait une entrée sautillante en peignoir de bain, son fidèle cobra au cou et une facétie nouvelle aux lèvres.

Mayur serait le plus exquis des hommes, s'il n'avait besoin, chaque soir, de cinq cent dollars. Ryce Brohn est d'ordinaire plus accueillant.

Mais, maintenant, tout à l'idée de voir la jeune Ignatia, il passe, indifférent, un simple signe au nègre, pour le chèque habituel.

Et, tout nerveux, David bondit vers l'ascenseur.

II

« J'habite au fond d'un grand jardin ; il y a le golf de Saint-Cloud de l'autre côté du mur. Et mon « home » est de verre. J'ai toujours sous les yeux la tombe de feu mon propriétaire, un bolivien gâteux, mort pendant la guerre. J'aperçois sa villa italienne, derrière des cyprès. Mais vous n'êtes pas au jeu, Mr Ryce ; et ça n'a pas l'air de vous amuser tant que ça, le bridge ! ».

On est après-dîner dans la grotte esquimaude qui sert de boudoir à la duchesse de Gouines. Dans la température de hammam, les panneaux de cristal taillé, des murs et du plafond, se fendillent peu à peu comme une patinoire d'Engadine. Les liqueurs chauffent toutes seules. Les fourrures noires des divans et du parquet se hérissent, comme redevenues vives, et semblent implorer des rapprochement. David n'en paraît pas incommodé : le dîner lui a pourtant porté sur les nerfs.

Les intimes de sa mère ne lui ont jamais plu : un malpropre vicomte, éblouissant de vices et d'esprit, mais à figure de poisson bouilli ; une négresse, championne de tennis sur glace, haute et plate comme Rubinstein et dont le fourreau de lamé d'argent fait songer à une tablette de chocolat dans son papier d'étain ; une vieille princesse courlandaise, cousine du feu duc, à tournure de chaisière et profil d'Alexandre VI Borgia, flanquée d'un poète berlinois de seize ans, Narcisse von Meschacebé, son amant, d'après les mauvaises langues.

La mère de David, un mètre quatre-vingt-cinq, soixante-quinze ans, joue du Poulenc à quatre mains, avec Ariane Coty, la championne noire. Le vicomte de Grisserodes est occupé dans un coin avec un couple mal assorti, à un poker mystérieux d'où s'échappent des lambeaux d'histoires faisandées.

« Oui, poursuivit la lithuanienne : une maison idéale. L'été, surtout ! Figurez-vous, au crépuscule, des lézards, des crapauds et des chauve-souris, qui viennent assombrir mes murailles de verre. Il y a dans un livre de Régnier, une histoire que j'aime beaucoup : celle de la femme aux sept miroirs. Car, dès le soleil mort, je vois aussi « cet horrible bas-relief grouillant » dont il parle, et que nul ciseau de sculpteur ne pourrait rendre. Ah ! mais l'hiver, ne venez jamais. On emmaillote de paille mon palais, comme une bouteille à expédier.

On y éprouve des impressions spéciales : ainsi la nuit, lorsque je me réveille, il me semble être dans une forêt peuplée de spectres.

Ce sont les fleurs, les arbustes et les statues, qui meublent mon studio. Et leur parfum me fortifie au lieu de m'énerver. Ne riez pas. Soyez sérieux. Et promettez-moi votre visite, au printemps, quand on aura relevé la paillote. Ce sera moins lugubre. »

Sur un guéridon d'onix, le buste de la duchesse de Gouines, offrait en bronze et citronnier, l'aspect d'une idole d'occident. David n'appréciait pas ce chef-d'œuvre.

« Ce n'est pas vrai, ce que disait votre mère, à table. Vous n'êtes ni germanophile ni soviétiphile ! Autrement, je vous crèverais les yeux, je ne sais pas ce que je vous ferais... »

« Ce serait sans doute très agréable tout cela, mais, bien moins, c'est certain, qu'une fugue à Montmartre, loin de ces musiques néo-slaves et ces pokers douteux. Vous... »

Une détonation de browning brise sa phrase. Les doigts des pianistes restent figés au-dessus du clavier, comme des pétales de fleur à un retour de vent. Les cartes tombent, sur les fourrures noires.

« Un des valets de pied vient de se suicider pour une des femmes de chambre, fait la maîtresse de maison, très calme, en jouant avec une de ses bagues. »

Des clameurs avinées, bénissant l'*Internationale* et préconisant la mort des riches, la déroutent dans ses illusions.

Les portes de cristal taillé, où courent en frises des athlètes grecs, s'ouvrent comme la glace sous un patineur maladroit, pour laisser rouler au bas du piano à queue, le maître d'hôtel et deux valets de pied.

« Le Grand Soir », crie le marquis, en cherchant son monocle sous la table à jeu.

Des « poisses » de Carco et des filles en cheveux laqués, envahissent le boudoir, armés de matraques, de rasoirs et de pistolets d'arçons.

« Haut les mains, hurle le plus grand de la bande, habillé en moujick.

— « J'ai une mitrailleuse dans mon cabinet de toilette, et l'hôtel est miné ! » glapit la duchesse, avant de s'évanouir sur les touches, produisant ainsi un accord qui aurait fait rêver Moussorgski et Ravel.

Celui que tout désignait pour être le commissaire rouge, parut ravi de la chose, et ordonna à ses hommes de faire leur besogne.

Les invités de Madame de Gouines se préparaient à la mort.

Aussitôt les communistes commencèrent de « blueser » flegmatiquement devant leurs victimes ahuries en fredonnant : « Souper party ».

Un jazz, installé dans le grand salon, envoie sa clameur familière.

« On respire, soupire la duchesse, en revenant à elle. J'y croyais dur. Mais rassurez-vous : on ne va pas sauter, et je n'ai pas d'Hotchkiss dans ma baignoire. »

Une Américaine va s'en rendre compte avec un peintre, prétexte innocent pour revenir une heure après.

David vient de desserrer Ignatia, qu'il enlaçait pour la défendre, lorsqu'au moment de l'inviter au blue, pourchasseur d'émotion, il a comme un éblouissement de magnésium.

Et brusquement, il ne reconnaît plus sa cervelle. Il s'étonne d'une force impérieuse qui lui suggère violemment de partir au plus vite vers la place Pigalle. Une angoisse affreuse glace ses membres. Il lui semble que, jouet d'une influence nocive, il court vers une catastrophe. Mais c'est absurde : il essaie de résister, en vain. Une fièvre subite endiadème son front. Il a la sensation d'être ivre et il s'enfuit, sans se préoccuper de qui que ce soit.

L'émotion de cette entrée costumée l'avait-elle frappée de folie ! Dans l'Hispano qui l'emporte à toute allure vers la place Pigalle, il tente d'expliquer son mobile. Il est devenu un autre homme, falot, sans conscience, presqu'immatérialisé. Et pourquoi crie-t-il dans le cornet d'aller plus vite !

Bientôt ce fut le square célèbre qui lui a toujours paru, malgré ses éclairages violents de foire américaine ou russe, l'endroit le plus triste du monde. Bébé Cadum enliliaçait toujours le jet d'eau malingre. Le chauffeur allait prendre la file derrière les autos qui s'arrêtent devant l'Abbaye, lorsque, guidée par on ne sait quelle pensée, la main de David cogne au carreau.

*_**

A la terrasse du Rat Mort, Mayur Porga fumait béatement en compagnie d'un Dobberman et de son cobra, dont la tête émergeait de la mallette de promenade.

« Ah ! vous voilà, enfin ; comme vous tardiez ! fit-il d'un air narquois et calme. »

David interloqué : « Mais je ne comprends pas du tout cette histoire. »

En même temps, il s'écartait du chien dûment muselé. Alors l'Hindou éclata de rire : « Asseyez-vous, mon cher Brown. Vous allez prendre un bock avec moi. Je vais vous expliquer : Nous sommes tous un peu fakirs chez nous. Notre volonté, notre puissance cérébrale est sensiblement supérieure à celle des autres peuples. De temps en temps, nous sommes obligés de la manifester, sinon notre tête éclaterait. J'arrive des Folies-Bergères et comme je m'ennuyais, j'ai pensé à vous. Je me rappelais que vous m'aviez envoyé promener au Meurice, sans faire attention à moi. Alors, pour vous embêter, j'ai transmis ma pensée, rue de Lille. Tout être a dans son cerveau un poste de T. S. F. qui sommeille. Dans celui de chaque Hindou, il est toujours plus ou moins en action. J'ai donc allumé mes lampes, réglé les longueurs d'onde, et je vous ai fait venir ici. Vous êtes arrivé avec docilité. Vous êtes un brave garçon. N'êtes-vous pas mieux que dans ce riche salon, après un trop copieux dîner, espionné par des larbins !

« Vous êtes avec Mayur ! Et moi avec David ! Que ferais-je si je ne vous avais pas ».

Et ce disant, il souriait malicieusement. Car il usait depuis longtemps sur Brohn de son pouvoir magnétique : le chèque quotidien en était la plus frappante démonstration.

« Vous êtes un homme dangereux, Porga. J'ai envie de vous faire arrêter pour attentat au système cérébral d'autrui. »

L'hindou acheva sa bière, et haussa les épaules.

Un type m'a dit ça à Berlin, poursuivit-il. Mais je suis plus fort que n'importe qui. J'endormirais le gardien de la prison et les serrures sauteraient de joie sous mon regard. Berlin ! Que de bons amis, j'ai là-bas. Tiens, mais au fait, vous allez m'accompagner chez l'un d'eux. Il tient une boîte, comme on en voit sur les bords de la Sprée. C'est tout près d'ici.

La maison n'a l'air de rien. Mais quand vous entrez, alors ! Pour toutes les horreurs, mon cher. Une salle pour l'opium, pour la coco ; pour le chemin de fer et le baccara ; des cinémas érotiques ! Oh, mais venez donc. Je vous laisse payer, car vous pensez bien que les banques étaient fermées pour le chèque.

« Du lieber Gott ! toi, Mayur Porga chez moi ! Toi plus grand que Sakia Mouni et Rabindranath Tagorre, que même Homère, Shakespeare et Tolstoï ! Que viens-tu faire. Déclamer des vers dans mes salles érotiques, ou bien... »

« Tais-toi, vieil Erich. Tu déraisonnes. Je t'emmène un de mes amis qui est plus riche que tous les rajahs des Indes, Mr David Ryce Brohn, de New-York, un homme exceptionnel, plus âgé que moi, mais bien plus jeune, malgré tout. »

Tous trois montaient un escalier de velours noir. Des pièces, style Kroll avec des éclairages malsains, des couleurs terrifiantes où des pantins gesticulaient, semblaient des réclames tudesques pour Arts Décoratifs.

« Mène-nous au baccara, plutôt. »

Une salle de jeu, vert noyé, offrait sa longue prairie périlleuse, garnie de fleurettes blanches et rouges. Le croupier, faucheur de cette pelouse, annonçait une banque de cinq cents louis.

« Banco, fit Porga, britannique, bien que très anglophobe comme tout Hindou. Le petit chèque rose, qu'il avait sur le cœur le rendait très entreprenant.

David inspecta un moment les têtes des joueurs, tous ces gens fabriqués en série en Yougoslavie, en Pologne, en Roumanie ou bien en Perse qui s'abattent par bancs dans toutes les capitales.

Blasé bien vite, il s'était dirigé vers le couloir. Une Anglaise, mi-nue, les yeux révulsés, les bras derrière la nuque, se traînait sur les genoux en chantant des psaumes de la Bible. Des rires étouffés arrivaient du cinéma pornographique. Des musiques aigrelettes, saturées d'ambre descendaient par bouffées des étages supérieurs. Une femme maigre et minuscule lui proposa de l'emmener aux salles de coco. Mais une bande de jeunes gens, déguisés en mandolinistes bavarois les séparèrent brutalement. Il y eut quelque chose de bien triste, tout à coup, dans l'esprit de David. Mayur criait : « Brohn ! Venez vite. Je gagne cent mille francs ».

Et cela au grand courroux des joueurs qui voulaient l'expulser. David allait pénétrer dans le tripot, lorsqu'un petit bonhomme au type israélite, aux yeux d'halluciné, s'approcha de lui :

« Vous vous appelez Brohn, n'est-ce pas ! »

— « Oui, fit David, très froidement. »

L'inconnu fut pris d'un tremblement qu'il essayait à grand peine d'arrêter.

« Vous êtes Brohn, répéta-t-il. Et vous êtes de Szegedin !»

Le fils de la duchesse de Gouines tressaillit. Ce coin magyar, évoqué soudain, le reportait à plus de quarante ans en arrière. Ce mystère qui planait à New-York, dans la maison de famille.

« Et vous êtes le fils de Jakob Brohn. »

Le petit juif l'avait entraîné dans un cabinet particulier.

« Il y a longtemps que je vous cherche. J'arrive d'Amérique. J'ai été à Londres, à Berlin, partout ! J'avais à vous voir. Car je suis de Szegedin, moi aussi. Et nous sommes cousins ! Oui ! Oui, David Brohn, petit fils de Chaïm, qui lavait les cadavres au ghetto, avant les enterrements ! Qu'Israël me plonge dans le Jourdain, si je mens. Vous devez ignorer pourquoi votre digne père a quitté la Hongrie après la mort de Chaïm. Eh bien, je vais vous le dire :

« Il a assassiné Ismaël Mochzny, mon grand-père, qui était son cousin germain. Il lui vola ses trente-mille couronnes et partît en Amérique. Je m'aperçois qu'il a mis les bouchées quadruple. Car, j'ai pris mes renseignements. Et s'il vous est facile de dépenser mille francs tous les quarts d'heure, c'est grâce aux couronnes ramassées dans le sang de mon père !

« A cette époque-là, sa mort resta mystérieuse. La justice opéra en vain. Il y a un an, en révisant le procès, on s'aperçut de la culpabilité de votre père. Il y a naturellement prescription, mais comme depuis ce jour le malheur n'a fait que s'agrandir sur notre famille, je suis parti à votre recherche. Dernier descendant des Mochzny, je ne viens pas vous réclamer ces trente mille couronnes, que Jakob, votre père, vola crapuleusement chez nous : je veux une réparation par le sang ».

Le juif magyar s'arrêta de parler. Adossé à la cheminée, David ne semblait pouvoir bouger. Peu à peu, il retrouvait son âge : ses rides se creusaient, ses traits se boufissaient. Il aurait voulu dire à cet homme qu'il était un imposteur. Mais sa langue paraissait être agglutinée à son palais. Ce mystère familial qui l'intriguait à New-York, ne se découvrait-il pas dans ce cabinet particulier de maison douteuse ! Et l'individu ajoutait des précisions de dates, de faits, qui ne pouvaient plus laisser de doutes.

« Vous allez donc mourir et payer à la place de votre père. Rappelez-vous que la justice du ghetto est inflexible ».

David vit un poignard se lever sur lui. Mais, chose étrange : son meurtrier fut agité d'un grand soubresaut, puis, s'immobilisa, le bras en l'air. Il avait l'air d'être changé en statue. Décidément, Brohn était condamné à voir, cette nuit de curieux phénomènes pathologiques. Et voici Mayur entrant avec le même sourire qu'au Rat Mort : « Vous l'avez échappé belle, mon cher. Si je n'avais pas perdu tout mon gain, je ne serais pas venu vous chercher : et vous voyageriez dans la terre des ombres. Comme vous avez changé ! N'ayez pas peur : le bonhomme est endormi pour deux heures dans cette position. Venez prendre du champagne en bas. »

Affalés sur le divan d'un salon du rez-de-chaussée, ils buvaient tristement du mousseux des bords de la Sprée. En caressant Guboo, son dobberman, Mayur écoutait David lui narrer la soirée, rue de Lille, troublée par les bolchevicki de contrebande et la révélation du « cadavre dans l'armoire ». « J'ai donc gaffé prodigieusement. Et je regrette de vous avoir arraché à des rêves d'amour avec des séduisantes polonaises. Regardez : à quoi tiennent les grandes catastrophes : à une légère fantaisie de surhomme qui réclame un compagnon de bock !

« Ne faites pas cette mine d'échappé de tremblement de terre. Ne pensez plus à votre Juif. Songez donc à cette demoiselle Ignatia qui doit avoir en ce moment des doutes sur votre courage. Désirez-vous que Guboo aiguise ses dents sur votre Hongrois. Il ne le raterait pas. Il appartient à une race tudesque qui vous saute à la gorge, en cinq secs, et ne se dérobe qu'après tout acte consommé. Rien ne peut lui faire desserrer la mâchoire. Il a ses crocs rivés au cou de la victime. Seule, une balle de colt pourrait lui faire lâcher prise. Ces chiens sont merveilleux. Il est déjà à sa cinquième victime. Il est condamné à mort par contumace par le tribunal canin de Berlin. Oui, oui, très sérieux. Et maintenant, je vous ramène rue de Lille avec mes excuses. Vous me présenterez à la duchesse, et, je charmerai ses hôtes avec des tours. »

David leva des yeux navrants et murmura : « C'est fini !
C'est fini ! Je dois disparaître. Un devoir m'est dicté. Ma
place est désormais au ghetto de Szegedin. J'en relèverai
toutes les misères et y finirai mes jours. Je partirai demain
pour Londres liquider mes affaires. Et puis, nach Ostreich !

« Avant de partir, je veux faire un pèlerinage dans la
maison de verre d'Ignatia. Je tiens à emporter en exil, un
souvenir de la seule femme que j'ai aimé ! Accompagnez-
moi, Porga. Je ne veux pas être seul. »

L'Hispano roulait, rapide, vers Saint-Cloud. David, dans
son coin se taisait, le visage crispé. Mayur avait sorti de sa
mallette le cobra, et lui récitait ,pour le charmer, des vers
pleins de soleil et des frémissements de la jungle.

Le nez contre la vitre, Brohn regerdait venir le terrain de
golf. Il consulta sa montre : il allait être quatre heures. Ignatia
était peut-être rentrée ou n'allait pas tarder. Une pluie légère exaspérait par sa lenteur à tomber . A travers la grille
on distinguait le jardin romain avec ses bosquets de buis taillé,
ses quinconces, ses boulingrins et son grand bassin à margelle
de grès rose, dont l'eau, cette nuit, avait des reflets d'opium.

Comme le mur n'était pas très haut. David décida de
l'enjamber, Mayur suivit le même chemin avec le cobra,
laissant le doberman à la garde du chauffeur. Le parc avait
une odeur funèbre. La maison de verre, emmaillottée de
sa paille hivernale, semblait un gros poisson de cauchemar,
rejeté par la mer

La porte en était entr'ouverte. L'air alourdi par le parfum
des fleurs était irrespirable. Brohn tourna le commutateur
et un lustre embobeliné de cactus et de camélias révéla l'in
térieur. Il y avait une douzaine de statues, œuvres sans doute
de la jeune fille, qui paraissaient des fantômes égarés dans
cette étrange forêt. Une odeur de glaise mêlée à celle des
plantes écœurait profondément. Ignatia n'était pas là, car,
près d'un grand poële slave, le lit-divan était vide.

Une aile de poulet froid se desséchait dans une assiette.
Sur une grande table il y avait des instruments de travail, des
moulages, un débris de faulx qui devait avoir appartenu au
colonel polonais. Au bas d'un phénix, une malle en ébène
en forme de cercueil, au couvercle grand ouvert, laissait
voir en désordre une robe de bal, des dessins de Michel
Ange, pêle-mêle avec des clubs de golf rouillés.

« Quelle idée saugrenue, fit Porga, d'habiter dans une serre, au fond d'un jardin abandonné ! Il faut être détraqué. »

Ayant trop chaud, Porga enleva son écharpe vivante et la laissa se promener parmi des azalées : le reptile paraissait tout joyeux.

« Petite Ignatia, dit tendrement David. Elle n'est pas folle, mais courageuse. Que d'heures charmantes, on doit passer dans cet oasis ! »

Et tout en soliloquant, il s'amusait avec un petit couteau de sculpteur en argent ciselé, que saudain il embrassa et fit disparaître dans la poche de son smoking.

« Vous ne savez pas ce que c'est d'aimer vraiment une femme : il a fallu que j'arrive à cinquante-six ans pour que pareille chose m'arrive. »

« Comme vous avez changé, en effet, mon ami. Il faut être bien bas pour faire du sentiment à votre âge ! Mais si j'ai un conseil à vous donner, c'est de déguerpir au plus vite, au lieu de vous attendrir sur ce petit couteau. Car si votre Polonaise arrive, elle va croire à des voleurs et peut-être nous revolverisera.

« Ignatia, fit Brown d'une voix étouffée. »

Au même instant, des talons tintèrent dans l'allée. Très loin, ils aperçurent deux silhouettes claires avancer lentement. A la lampe électrique que l'une d'elles tenait, David reconnut Ignatia et Ariane Coty, la championne de tennis sur glace. Une douleur subite sembla étirer son cœur. Il fallait décidément que David, cette nuit, connut les pires fonds de la détresse humaine. Il commençait déjà à payer le meurtre de Szegedin : frappé dans son honneur, il fallait qu'il le fût dans son amour. Car Ignatia montrait brutalement de par son attitude avec sa compagne que David Brohn faisait fausse route. Ecœuré, il détourna la tête.

Il n'y avait plus qu'à s'en aller. Précipitamment, ils gagnèrent une petite porte de fer, dissimulée derrière les fleurs et les statues. Les deux femmes approchaient. L'averse s'arrêta, indécise, comme un enfant entre deux sanglots. Une ironie montait dans le matin proche, pleine de chansons de bouvreuils. Il y avait en David une tristesse aussi lourde qu'un pantopon, qui l'avait déguisé en vieillard.

Ce ne fut que dans le lift, au Meurice, que Porga s'aperçut d'un oubli : son cobra cache-col était resté dans la serre !

Comme, avec terreur il en faisait part à son ami, ce dernier, retrouvant soudain son ancienne forme, haussa les épaules avec indifférence !

Ecrit sur le pogrom bolchévique de Cuba

Pour M. C..., champion d'échecs.

Il est
dix heures cinquante-cinq, au bracelet-montre de platine...
Trop de soleil, trop d'aromes,
trop de prodromes...
Sur un des balcons fleuris du Ritz,
à la Havane,
(le store rouge et écru, ne va-t-il pas s'enflammer ?)
l'ex-général Narcissus von Goerlitz
fait
durer sa dernière
Batschari, comme un gosse son proliné...
C'est fini hi ! hi ! il ne pourra plus en acheter, Unter den
Linden.
Le Conseil de guerre de Leipzig
le lui a défendu, oui, oui !
Condamnation à mort par contumace
Tout le grand jeu !
Des verdicts absurdes
de juges
rétrogrades, songe l'officier de Prusse,
en avalant la fumée,
Oh ! la, la, pour cette
histoire de château d'Artois
où on a trouvé
dans la biblio-
thèque, après un incendie au Roederer, des
fœtus sans provisions et des mains
sectionnées d'écoliers, macérant
au fond d'un
bol de punch : plaisanteries de Kasino, Gott sei dank !

Alors, je vous demande un peu
pour
ces
bêtises, il a fallu
fuir Berlin comme un voleur, et laisser aux
larmes de sang des
scellés,
son casque de vermeil où le Kronprinz a bu une fois du porto
[blanc
Sandeman, à Potsdam, en 1912;
ses 89
décorations; son cheval de bataille, pie, blessé trois fois
à Verdun; et sa jeune femme, aussi,
qui dans une clinique de Wannsee
veut tout le
temps manger des bougies et sucer des clefs !...
Dans l'île des tabacs
Yaaka Alla Dulaa..., il est venu
se
cacher, et comme
dernièrement, il n'avait plus de pfennings,
il a monnayé, ya, ya,
sa
vieille expérience Bismarkienne
contre les
pesetas du champion d'échecs, Cappablanca,
Lénine des Cubains, lassé de
triompher sur les damiers du globe, et
trouvant comme dérivatif
d'allumer les
cigares
politiques...
Oh, ce matin d'avril
24,
l'exquise vision du bellâtre
teuton,
dans la mûre fraîcheur d'un inoui sextennat.
Il a
un pyjama
floral
en mousseline blonde

tatouée de roses vert jade;
son pied nu est mignon dans des
mules en lanières de cuir indigo,
ô Hugo !
Il s'abrite des tropiques
sous une ombrelle
de
raphia.
Avec ses jumelles oxydées par les gaz des tranchées,
il regarde mademoiselle
Geneviève Vix, de l'Opéra de Paris,
monter en selle devant l'hôtel,
avec le prince
Narischine, son mari, et
partir faire comme d'habitude,
ses vocalises
à
mille mètres d'altitude.
Il y
a
cinq
minutes
que von Goerlitz est sorti du lit; les
che-
veux blancs communistes et les
paupières décolorées par la fournaise d'une nuit trop courte.
Il n'a pas eu le temps de se maquiller (car il est tombé
en 1918, dans l'inversion, le polisson) et non dans la mêlée
comme il
aurait dû ! Déjà trois sodas wishies et 12 toasts à la
marmelade d'orange. On s'est couché à
une heure indue, après un tas de folies
chez des amis espagnols. Il
faut « nicht war », être dispos pour fomenter la révolution
[havanaise.

Son appareil de T. S. F., envoie à Kiew
ou à Frisco, dans les
provinces de
l'éther
son jazz de balles Dum Dum...,
« Welche dum,

fait-il à son chat aveugle,
noir et
japonais, à terre couché
en boule sur des cartes d'E.-M. de toutes les couleurs. »
Et la colère fait choir,
Du lieber Gott, le monocle qui n'est tombé qu'une fois, il y a
42 ans, à Heildeberg, sous le fleuret d'un duel stupide, pour
                                              [une hétaïre
boîteuse !
Rire de machabée ou bracelet de corail jauni d'aliéné, son
                                                    [ratelier
repose dans un écrin ouvert, en daim noir.
Une femme de chambre mulâtre, au
2ᵉ étage, fredonne la rengaine anglaise : « The bing boys are
                                              [coming ! »,
tout en brossant le smoking d'un bolivien.
Sur un pliant de soie rouge
l'aquarelle cubiste d'un paquebot égaré dans une forêt de
                                                    [hibiscus.
Sur le marbre orange du roof,
dans une orgie de géraniums lierre et de citronniers,
un boy-scout juif américain de 12 ans, si beau
(qu'on a envie de mordre ou de hurler de
joie), qui a les cils au rimmel et les lèvres au carmin,
colle inlassablement d'une langue bleu de ciel
(il faudra le purger demain !)
des enveloppes jaunes pour la propagande rouge...
Sans rancune
aucune
bitte sehr
Herr
Général...

Le dernier bal

La Cadillac, ramenant à New-York le jazz-band noir, avait disparu derrière les marronniers d'Inde : « Quatre heu-heures, Helga !... » Nuit bleu-vert de cinéma... Dans le parc, les cactus et les accacias, les palmiers et les pins parasols sommeillaient sous la lune, immobiles et figés comme sur la toile d'un Manet...

A la terrasse nord de la villa, Antonio Giollano, sculpteur de Sicile, petit, maigre et fiévreux dans son habit noir, s'était penché vers sa femme, prussienne ravissante et blonde, épaissie par la quarantaine et par l'étroit fourreau de dentelles de soie mauve et argent...

« Mein Tonio, le bal est fini... Alors, notre pauvre vie, nicht war !... » Un soupir, répondit, siffleur, dans la poitrine frêle de l'italien. Mais il ajouta aussitôt, le regard posé sur un saule pleureur : « Oui, Helga ! nous avons juré... Il faut... »

Très loin, un klackson aboya à travers le arbres : l'auto des musiciens sans doute... Et à ce bruit, sans raison, ils tremblèrent... Un air exquis rafraîchissait les choses assou-pies ; une pureté de sous-bois dans les Alpes... Alors, la sen-timentalité allemande reprenant le dessus : « Comme c'est triste, Toni, de mourir ce soir dans la senteur lourde des magnolias du bassin ; celle plus fine, des roses rouges de la pergola ; et l'énervante, là, tout près, à nos pieds, du serin-gah du mur qui nous embaume, comme celui du « Garten » chez nous, à Düsseldorf... Tu te souviens !... Oui, mein Lieber, triste, triste de quitter tout cela, mais... »

Mais pourquoi ces regrets, ces navrances qui montent ; pourquoi ces amertumes ? Et bien, c'est simplement, parce qu'Antonio Giollano, Rodin de Syracuse et sa femme Helga, née Schmitsel, sur les bords du Rhin, avaient décidé de mettre fin à leur existence, par cette nuit sereine d'août, toute enlunnée et parfumée.

Et pour leur agonie, leur âme d'artiste et de dilletante, avait voulu se donner la plus somptueuse des fêtes, étourdissant ainsi leurs suprêmes instants, aux accents démoniaques d'un orchestre de nègres.

Dans le grand salon vert-jade, le tout New-York de la 7e Avenue, avait viré au rythme spleenétique des blues et des tangos. Sur le « roof-garden » où, maintenant, ils respiraient les effluves d'été, Jaderewski, prunelles vives, et cheveux blancs houleux, avait confié, entre deux récitals, à la comtesse de Termont-Lonnerre, la joie qu'il avait eue, la veille, à se faire photographier enserrant dans ses bras, ce génie frémissant, à peine éclos qu'est Master Jackie Coogan, le Kid. Près du piano à queue, un écrivain belge, venu passer les vacances dans son bungalow, ne tranchait nullement au milieu des financiers yankees. Il avait laissé tomber quelques propos charmants sur les abeilles, en compagnie de Cécile S... en tournée triomphale et d'un jeune secrétaire de M. Jusserand. Le prince Félix Y... un des lion des salons new-yorkais, avait fait revenir un moment, par ses danses cosaques, un peu de cet air de Russie, éparpillé et évanoui à travers le monde. Et dans le boudoir d'Helga, laqué de Coromandel rouge, flottait encore l'ambre gris de Mrs Jay-Roud, si fort et si troublant que les plumes bleues de son éventail oublié, en demeuraient recroquevillées, commes des chrysanthèmes de crépuscules...

Oh ! un des plus beaux bals, en vérité, de la season américaine.

Oui, mais le dernier, pour les propriétaires de Syracusa-Lodge, villa romaine étonnée de se trouver là, dans ce coin de Long-Island ; et la dernière nuit aussi, pour eux... Involontairement, inconsciemment sans doute, ils reculaient le geste maudit, car le passé venait brusquement les saisir ; et, pour une fois ultime, ils voulaient s'imprégner et rêver des jours radieux, enfuis et abolis...

. . . .

... Une après-midi tiède de février 1910, à Rome... Dans le jardin du Carlton, Appollonia Schmitsel, femme du Doktor Cornelius Schmitsel, chirurgien renommé de Düsseldorf, feuillette le Jugend, en prolongeant dans son rocking-chair une digestion angoissée. Son mari, au crâne poncé, doit sûrement flâner, par là, au Pincio ou au Corso, (un bedecker en poche qui restera fermé) et le jarret plus assoupli, pour courir après quelque Romaine au regard de poivre. Leur fille Helga, aux tresses pâles en macaron, est allée à une garden-party chez le prince de Bülow avec des amies portugaises de l'hôtel.

Décor choisi, à faire pâmer M. d'Annunzio ou M. Paul Bourget pour une de leurs intrigues. Quoi de plus enchanteur, en effet, que ces roseraies légendaires, épanouies par le caprice du vieil épicurien, qu'était le diplomate allemand du Quirinal. Et il n'en faut pas plus, je crois, pour affoler une jeune fille évadée récemment de chez les Ursulines et nourrie trop tôt des fadeurs littéraires d'outre-Rhin, depuis Hermann Sudermann, jusqu'à Rudolf Herzog. Aussi, Antonio Giollano, jeune sculpteur de Sicile, qui n'a pour plaire que ses grands yeux couleur de bronze mouillé, son profil aigu et ciselé à la Cellini, ses cheveux ondés et noirs comme les eaux des lacs nocturnes, n'a eu, nouveau Pâris, qu'à paraître sous un arbre de Judée du jardin. En le voyant, au cœur romanesque d'Helga a battu tout de suite un vœu formel... Le malin Italien, sûr de ses charmes, a vu la proie facile. Ses statues ne lui rapportent guère de lires. L'enfant est belle : il semble y avoir beaucoup de marks dans le coffre-fort du Doktor Schmitsel. Une affaire assez tentante. Naturellement, la petite est prise au filet : les objurgations de la famille ne peuvent rien contre la volonté d'une fille de vingt ans qui fut trop gâtée. Il est vrai que le gendre n'est pas un beau parti : le scalpel taillant dans la chair humaine, fait jaillir bien plus d'or que le ciseau travaillant dans la pierre. Mais en dépit de cette imparité de situation, l'amour a aplani les flottements : un mois après, le signor Giollano, le jeune homme des roses de l'ambassade d'Allemagne, a quitté la Ville Eternelle avec la signora Helga, vers les lacs suisses et le Tyrol...

. . . .

Un an plus tard, à Paris, dans une clinique d'Auteuil... Dans la chambre embaumée de violettes et d'œillets, près du lit blanc où sa femme repose, Antonio berce un nouveau-né, un petit Turido qui aura les yeux paternels, ceux de bronze mouillé et les cheveux de miel de sa mère... Dans le jardin de la maison de santé, les convalescents, fantômes

blancs se promènent; les frênes frissonnent sous la caresse chaude de juillet...

C'est maintenant le Rhin, et ses rives zébrées de vignes dont la majesté inconnue pour Tonio l'émeut curieusement... Le bateau de plaisance, à aube, qui va de Mayence à Düsseldorf, les ramène lentement vers la capitale de la Ruhr... A quelques kilomètres au-delà de Coblence, un peu avant d'arriver à Bonn, ils ont croisé l' « Aimée », le joli yacht de l'Américain Edwards, où, deux jour après, à Emmerich, à la frontière hollandaise, la pauvre Lantelme va trouver une mort tragique...

Des invités rient sur le pont, suçant des cocktails glacés... Un cocker et un griffon bruxellois, jappent à un maître-d'hôtel... C'est dimanche... Sur les bords du fleuve, de jeunes et beaux Allemands, brunissent leur corps au soleil...

... Au milieu de visions d'autrefois, la voix de Tonio vient chanter tout à coup : « Tu te rappelles, Helga, ce soir de janvier, après dîner... Je passais mon habit, nous allions entendre Tannhauser à l'Opéra... Tu es entrée brusquement dans ma chambre, et, après une scène ridicule, ce coup de revolver, hein, qui m'a déchiré l'oreille ! » — « Oui, dit-elle tristement en baisant la cicatrice, visible encore au lobe. » Oui, elle revoyait tout cela soudain... L'immense hôtel Louis XVI de la Lugh-Allée à Oberkassel, « Faubourg » de Düsseldorf, sur l'autre bord du fleuve, où, près de jardins romantiques, bruissant encore sans doute des strophes de Henri Heine, fusent des demeures aristocratiques. Et la jeune femme sourit de cette jalousie stupide qui la grisait alors; jalousie pour le vaste atelier, au bout de la maison, où l'artiste s'enferme des journées entières avec des modèles, pour faire surgir du marbre de nouveaux chefs-d'œuvres; jalousie pour les raouts célèbres que donne son mari à la société rhénane, car les élégantes Fraüen, y roucoulent un peu trop autour du beau « Casanova »; jalousie pour les fugues rapides en Espagne et en Autriche; jalousie pour les chasses à courre dans les futaies d'Oberfeld où, bien souvent, l'Italien s'égare avec une amazone... Car, dès son retour en Allemagne, cette névrose, si peu nocive, enfant, fait en elle des progrès alarmants. Et Antonio, excédé, pour s'étourdir et oublier ses tyrannies, se plonge dans une vie de désordre et de plaisir. Du reste, c'est un franc jouisseur, et la dot de sa femme ne suffisant plus à ses dépenses de Nabab, il s'est vu obligé d'offrir ses services au Comité d'espionnage de Rome. Au crépuscule, maintes fois, l'atelier à demi peuplé d'ombres a reçu les visites glissantes de silhouettes rablées aux cheveux crépus, confiant des documents secrets, dans le chuchotement d'une langue latine. Devant le despotisme de sa femme, le sculpteur s'est de plus en plus réfugié dans la solitude de ses statues. Et Helga, fatiguée de regarder par la serrure (jusqu'à parfois en loucher) et délaissée par son seigneur, a confié son désespoir au cœur très accueillant d'une amie de couvent, Nadia Styroff, fille du Consul Russe de la ville. Les deux femmes se sont vouées un culte assez curieux et inquiétant. (Le docteur Freud en est-il la cause ?), dont naturellement Tonio ne se soucie.

Et brusquement, c'est un soir du début de juillet 1914... Dans son petit salon jonquille, Helga prend le thé avec sa chère compagne... Turido, sur les genoux de celle-ci, fait le fou et criaille. Mais des caisses, un peu partout, dans le grand salon, les chambres et le hall sont prêtes, incompréhensibles et tristes. En reposant sa tasse, la Prussienne n'a pu s'empêcher d'éclater en sanglots : Demain matin, avoue-t-elle à la Sibérienne, il faut quitter l'hôtel. Soi-disant des affaires urgentes les appellent en Italie. A ces mots, le petit garçon fond en larmes ; Helga embrasse longuement son ange consolateur... Oui, dans quelques heures, il faut partir, emportant seulement les choses indispensables : et abandonnant les meubles anciens, les bibelots précieux des vitrines et les collections de vieilles porcelaines chinoises de l'atelier...

Antonio Giollano a été prévenu à temps : dans quelques jours, des hommes graves en redingote, vont venir mettre ici les scellés et arrêter l'espion italien, qui, chaque mois, envoie vers les bords du Tibre un rapport détaillé sur le manœuvres de l'Allemagne. .

6 heures du matin... De la Mercédès (qui fait son dernier voyage et les emporte vers la gare), Helga a dit adieu aux tilleuls de la Luhg-Allée, tout vernissés de lumière d'aube...

Et c'est la fuite précipitée vers la Suisse et la Sicile...

. . . .

Ainsi que sur l'écran, les mirages suivaient leurs cours...
A quinze kilomètres de Syracuse, à mi-chemin entre cette
ville et Catane, proche l'Etna, incendie mystérieux qui ne
veut plus mourir, tout au bord de l'Adriatique, une villa qui
a son charme Borghèse et Ludovisi ; une terrasse sur son toit,
où, les soirées d'avril, on doit avoir des extases, tandis
que dans le jardin, descendant vers la mer en terrasses, parmi
les cyprès et les bougainvilliers, bleuissent les statues innombrables qu'un sculpteur a fait vivre, il y a quelques années,
dans les heures fougueuses de sa jeunesse. C'est là, l'exil,
assez séduisant, je crois, d'Antonio Giollano, l'homme accré-
dité auprès de Giolitti, qui ne craint point, dans son île, les
détectives de la Ruhr. Ici, les plus douces années de leur vie,
mais aussi les plus douloureuses... En ramenant sur ses épaules
son écharpe d'argent, Helga se souvenait de cette après-
midi de septembre...

... Le futur dictateur de Fiume qui n'est pas encore duc
de Montenevoso, est passé en touriste dans sa Fiat de course.
Par l'allée d'ifs, il vient demander du secours pour réparer un
pneu à son auto. Pendant des heures, l'auteur de l'*Enfant de
la Volupté*, monoclé et précieux dans son complet vert tendre,
a madrigalisé avec Madame Giollano-Schmidt. Et si longtemps, que, ma foi, la nuit est venue ; le poète a couché chez
eux, et le lendemain, avant de reprendre son volant, l'illus-
trissime Gabriele a consenti à poser pour un buste... Il semble
à la jeune femme, percevoir à présent, dans l'ombre, la voix
montante et câline de son hôte d'un soir : « Al rededor,
bellisima signora... », pendant que la torpédo blanche, bondit
en échappement libre vers Palerme...

Quelques mois plus tard, dans des circonstances plus for-
tuites encore, Antonio a retrouvé d'Annunzio dans son escadrille de chasse aux environs de la frontière de Carinthie. Car
l'Italie a quitté sa neutralité pour s'unir aux Alliés. Et
voilà les heures noires qui viennent. A l'immense chagrin
causé par le départ de son mari, vient s'ajouter pour la jeune
femme un plus terrible encore. Le train princier mené jusqu'à
présent par le sculpteur, a mangé presqu'entière sa dot ; les
communications avec l'Allemagne sont désormais suspendues ;
alors c'est presque la misère, que même sans la guerre, les

Schmitsel n'adouciront pas, depuis la fuite et le scandale de leur gendre.

Alors l'Helga Giollano, la reine des raouts d'Oberkassel, est obligée de renvoyer ses domestiques, ne pouvant garder auprès d'elle que deux femmes. Son fils est seul capable d'éclairer les journées endeuillées où, sur la plage au sable roux, assise dans un fauteuil devant l'Adriatique, elle pleure et se lamente en priant pour Tonio qui se bat dans les airs. Ensuite il faut, pour vivre, se débarrasser de l'auto et du poney du pauvre Turido. Puis, la débâcle s'accentuant, ce sont les bijoux... A la villa, on commence à s'affoler; la ruine est là, fascinante. Mais l'armistice est là, et, avec lui, Antonio démobilisé, qui, un matin de novembre où grincent les mouettes, serre sa femme dans ses bras. Atterré du désastre imminent, le sculpteur a vendu, peu après, la villa romaine où il est né, où montèrent ses envolées premières d'idéal et d'art. Et, le 12 décembre 1918, la famille Giollano quitte Naples et l'Italie vers New-York, la ville promise...

. . . .

Là-bas, grâce à de nombreuses relations d'avant-guerre, Antonio s'est bravement remis à la besogne. Un milliardaire américain, lui ayant commandé la décoration de son château d'Illinois et du parc qui l'entoure, l'aisance est venue dissiper les angoisses quotidiennes. L'exposition d'une Minerve à la Galerie Wildenstein le classe définitivement parmi les meilleurs ciseaux américains. En même temps que la gloire, c'est de nouveau l'opulence de jadis... Dans les salons new-yorkais, le nom de l'Italien erre de bouche en bouche...

On se conte, sur les roof-gardens, ses succès d'autrefois, ses fêtes en Allemagne...

Et dans la villa romaine (la même exactement que celle de Sicile(et qu'en souvenir il a dénommée « Syracusa-Lodge ») la vie brillante de Düsseldorf ne paraît pas avoir cessé. Mais pour un Giollano il faudrait la fortune d'un rajah; et encore, pour la deuxième fois, l'odyssée triste de l'armistice est sur le point de se renouveler. La mort subite des parents d'Helga, survenue à Munich, dans un accident d'auto, vient les faire hériter, enfin, de l'agréable capital, guigné si fort à Rome, en février 1910... Mais le destin, je crois, doit fort en vouloir aux époux, car les quatre millions que le Doktor a extirpés du corps de ses clients ne valent plus, au cours du change américain (c'est alors l'effondrement du mark), que cinq à six cents dollars à peine, les banques allemandes ne reconnaissant plus les devises d'avant le désastre financier...

Anéantis par la deuxième catastrophe, irrémédiable, celle-là, Antonio et sa femme, n'ayant plus l'énergie de 1918, avaient résolu, cette fois, de mourir en beauté, dans un double suicide à la fin d'un grand bal qui ne sera jamais payé, par une nuit d'été toute en lune et arômes, clôturant au fracas d'un jazz leur vie d'errants et de malades.

L'horizon se cernait de rose : « Helga, c'est bientôt cinq heures. Il va faire jour ; les domestiques vont se lever. Tu sais... nous nous sommes promis... » Au souvenir du pacte fatal, l'Allemande sentit soudain dans ses reins un froid horrible ; une moiteur glacée mouilla son dos : « Oui, bégaya-t-elle, mais vite ». Nerveusement, elle mordit les lèvres du Sicilien, le regarda un temps, ainsi qu'une démente, retrouvant malgré les rides et le tempes blanchies, l'adolescent charmeur des roseraies du prince de Bülow. Puis, s'arrachant brusquement à sa contemplation, elle recula vers une des colonnes : « Tonio, maintenant... » Alors un grand cri : « Nein, nein, mein Lieber, nein près de toi, toute contre toi ; dans tes bras... C'est là que je veux que tu..... dans tes bras, tu sais comme dans la serre de l'Excelsior à Rome... »

Devant la défaillance proche, son mari lui offrit un peu de cocaïne qu'il avait dans son gilet. Mais elle refusa et se raidit en murmurant un « Go » plaintif. La gachette du « colt » recula : Helga s'était renversée, cassée en deux sur son épaule ; à peine un tout petit gémissement. Jamais elle ne lui avait paru si lourde ; effaré, hébété, il alla la coucher au bas d'un grand pot de terre rouge étrusque où débordaient des marguerites... Ses cheveux pâles s'étaient dénoués... La dentelle de soie de sa robe s'était déchirée à l'endroit du trou sanglant, affreux...

C'était son tour. Et il allait fixer le canon sur le plastron de sa chemise, lorsque là-haut, Turido, gamin de quatorze ans, se mit à crier en rêve. Il appelait Nadia Styroff

qu'il aimait tant à Düsseldorf... Turido ! mais il n'y pensait
plus. Il dormait dans sa chambre bleue, insouciant et
candide. Il se réveillerait tout à l'heure, seul : un orphelin de
plus voué à la misère. Mais c'était indigne ce qu'il allait
faire ! Une incroyable lâcheté, que de mourir abandonnant
ce petit être à une vie d'incertitudes et de souffrances. Ses
mâchoires se crispèrent ; une larme tomba des yeux couleur
de bronze mouillé... Et non ! En bouffées violentes, le souvenir de son serment et surtout un vieux fond d'égoïsme, vinrent frapper scn cerveau... Une prise de « blanc » par là-
dessus, afin de se sentir plus fort pour la traversée. Antonio
Giollano, son camélia fané au revers de l'habit, s'affaissa sur
le marbre vert de la terrasse, le cœur déchiqueté !...

Le cycle d'ailleurs

Élaps

Le Bolognais Venedico Caccianimico qui tenta la Ghiso-
labella devrait servir d'exemple à Pedro de Guerra. Pendant
la nuit d'insomnie, où une sinusite l'a tenu en alerte, il
aurait pu méditer ce vers de Dante : « Va, ruffian ! Il n'est
pas ici de femme dont on puisse battre monnaie ! ». Mais
ce Chilien de Paris n'a sans doute pas eu le temps de lire
l'Enfer. Un habitué des caravanes mondaines, Deauville,
Biarritz, Venise, Rome, Londres, Paris, n'emporte pas
dans sa malle-armoire, d'ouvrage aussi sérieux. Pendant que
sa dent le faisait souffrir, enfiévrait son cerveau, il eut un
cauchemar.

Il était sur une longue bande de sable au bord de la mer
et lézardait au soleil, en maillot de bain. A gauche de la
plage, une côte très découpée, rappelait le rivage du Chili,
avoisinant le détroit de Magellan : cette Norvège du Sud.
Comme toile de fond, le campanile de Saint-Marc. A droite
le casino de Deauville, précédé d'une jetée terminée par un
roc, surmonté de la statue d'une vierge. Les femmes qu'il
avait séduites, pour les ruiner tout aussitôt, dansaient autour de
lui, au son d'un jazz-band de géants. En maillots d'écailles
polychromes, c'étaient d'abord la duchesse Pozza, la comtesse de Channelos, la princesse Robili, la grande-duchesse
de Bieirigen, lady Moreux, et tant d'autres : citrons d'or,
aspirés un temps, puis rejetés au loin. Et, partout, en nuée,
tourbillonnaient avec elles, des milliers de petits serpents,

annelés de rouge et de banc, d'une espèce chilienne, dénommée Elaps, dont la piqûre est mortelle. On en rencontre particulièrement dans les forêts bordant les rivages sud-ouest de l'Amérique latine.

*
* *

Elaps, la duchesse Pozza lui avait donné ce surnom, un matin de septembre, sur le sable du Lido. Et il lui était resté, ne faisant que justifier la présence, au-dessous du sein gauche de Pedro, d'un morceau de peau de ce serpent, habilement greffé. Cet écusson corail et ivoire, cette broderie de chair, était sur son cœur ses armes vivantes, et contribuait à empoisonner son âme peu à peu. Sa première victime fut un modèle viennois, d'une beauté analogue aux femmes du Corrège ou du Titien. Le peintre qui utilisait son académie, était en relation avec un jeune diplomate milanais, qui s'amouracha de cette Asta Grietsen, voulut en faire une duchesse du Gotha. La nouvelle ambassadrice ne sut tenir son rang : ce nom historique était trop écrasant pour sa cervelle frivole. Un mois après son mariage, le Quirinal fit signifier au duc Pozza, qu'il devait demander le divorce. Il dut même remettre ses lettres de créance et fut forcé de se retirer dans ses propriétés des environs de Milan.

De Guerra se trouvait par hasard à Rome. Il s'offrit de piloter l'infortunée, bannie désormais de tous les salons d'Europe. L'ex-duchesse était, en effet, bien tentante avec les deux millions d'indemnité alloués par son mari .Comme elle était faible de caractère, elle se laissa vite envoûter par le Chilien qui l'emmena à Deauville et sut en faire la vedette de l'année. Puis il continua sa marche vers Biarritz. Toute l'aristocratie espagnole, anglaise et américaine vint aux dîners de la duchesse, fermant les yeux sur le passé.

Pedro revoyait tout cela, en s'étirant sur son lit en désordre.

Malheureusement, l'indemnité s'effrita rapidement, et l'ex-modèle viennois, n'eut d'autre ressource que de se laisser enlever par un banquier grec.

- De Guerra, reporta ses espoirs sur une comtesse madrilène, Béatrix de Channelos. Il lui donna le goût de l'opium, afin de mieux garder son emprise sur elle. Elle eut bientôt le sort de la Pozza.

Brûlé, il fit ses malles. Dans le Sud-Express, qui le ramenait à Paris, il retrouva le prince Cyril Iriskoïe, rencontré à Biarritz chez des Espagnols. Ce dernier venait de liquider à New-York certains bijoux de famille et se proposait de monter avec ce bénéfice une maison de couture; il cherchait un secrétaire. L'entregent de Pedro le séduisit, — les yeux du Sud-Américain contribuèrent également à la décision prise, — il lui proposa un engagement.

Voilà donc, notre « Elaps », mué en confident, en ami intime du Russe. Il sera chargé de présenter la collection; et comme il danse fort bien, il fera le courtier de robes dans les dancings, pour le compte de la maison « Olcy ».

*
* *

D'un pas feutré de tigre le prince Iriskoïe vient d'entrer dans la chambre. Il est venu de bon matin aux nouvelles, préférant au bulletin de santé du téléphone, le constat visuel de l'état du malade. Il le trouve bouffi, congestionné, l'œil atone et fiévreux.

« Oh! oh! Mais cela n'a pas l'air d'aller, vieil ami, fait le Russe, en chantant sur les syllabes. As-tu dormi ? Non ! »

Pedro lui raconte son rêve. L'autre l'écoute distraitement, en regardant les échantillons de meubles du dernier Salon, dans cette chambre étroite, aux murs vêtus de parchemin bleu. Son attention se porte sur les photographies innombrables, en bouquets un peu partout, fleurs étranges.

« J'irais ce soir chez Olcy, baragouine de Guerra d'une voix rendue pâteuse par l'œdème. Sans faute, car c'est la collection de printemps ».

Le prince a l'air bien loin de la collection de printemps.

« Je ne suis pas venu pour cela, dit-il en s'asseyant sur le bord du lit-divan, mais pour te communiquer une lettre reçue ce matin de Berlin : un manifeste signé de russes fidèles. Ils me choisissent comme successeur de Nicolas II. J'ai songé bien des fois à relever cette dynastie Romanoff, dont je fais partie par ma femme. Mais c'est la question d'argent qui m'arrête. Si j'étais en Russie, j'essaierais de vendre mes biens. Ah ! si je pouvais avoir un milliardaire américain dans ma manche ! Réalises-tu, vieil « Elaps », ce grand rêve : Moi tsar ! Quel portefeuille choisirais-tu : les affaires Etrangères, les Beaux-Arts ? Te vois-tu à Genève, envoyé extraordinaire de toutes les Russies et siégeant à côté des « Premiers d'Europe ! ».

— Je choisirais de préférence l'emploi de Grand Maître des Cérémonies, essaya de gouailler Pedro en s'asseyant sur l'oreiller. Cela m'irait à merveille. — Alors, vous chercheriez la grosse somme ? Je veux bien essayer, quoique malade. Mais, au fait, avez-vous des agents pour servir votre cause ? »

— Je me suis assuré déjà le concours d'une vingtaine de personnes très sûres. Il existe des courtiers en vin, en bijoux ; j'aurais des courtiers en tsarisme qui courront l'Europe pour faire rayonner ma propagande. Habilement camouflés, ils gagneront l'ancienne Russie, pour m'allier le parti paysan, facteur principal. C'est entendu, Pedro. Tu vas me trouver ça. Ta sinusite, n'est pas éternelle. »

Après avoir réfléchi, l' « Elaps » murmura, en ramenant ses cheveux bruns en désordre :

— Je crois avoir déjà trouvé, Cyril. »

*
* *

Tout au fond de Neuilly, une cousine du prince Iriskoïe, la princesse Alexandrya, a monté une maison de famille pour jeunes filles étrangères. Elle est secondée par deux Françaises d'âge canonique : une certaine Mlle Corbey, vieille fille anguleuse et perfide et une Mme Roseau, infiniment sympathique. Elles sont chargées d'accompagner les pensionnaires en ville.

Et naturellement, dans cette maison où ne vivent que des femmes, ils y a autant d'intrigues que dans une cour. La secrétaire de la princesse, une corfiote, résume à elle seule toute la félonie hellène, et se charge du flambeau de discorde. Les jeunes filles se divisent en deux clans : le clan Roseau, formé par les Américaines, à cause de l'entrain, l'indulgence et la bonne volonté de leur dame de compagnie. Les Anglaises, les Belges, les Autrichiennes sont du côté Corbey. Parmi les préférées du premier groupe, il y a une délicieuse petite californienne de vingt ans, Léone Armington. Elle est venue à Paris pour faire du cheval, tous les matins au Bois et partager le temps restant, entre la sculpture et les maisons de couture.

C'est une longue fille gracile et brune, dont rien ne rappelle l'origine outre-atlantique. Elle a des bandeaux bien collés, la nuque rosée, le teint couleur grain de café. Des yeux romantiques, avec cela.

Chaque jour, à sept heures, elle quitte en auto la pension de famille, en compagnie de Mme Roseau, pour un manège de la rue de la Faisanderie. Avec la fille du loueur de chevaux, elle fait une randonnée d'une heure, dans tout le Bois, offrant son front nu au vent frais du matin. C'est la plus riche du boarding-house de Neuilly. Son grand-père est le roi de je ne sais quel métal, aux environs de Chicago. Sa mère est morte depuis dix ans, la laissant grandir près d'un père indifférent, dont la vie est absorbée par la politique. C'est lui qui a l'usufruit des quelques huit ou neuf cent millions qui viennent de Mme Armington. Il a conduit sa fille jusqu'au Havre ; puis, il l'a abandonnée sur le quai, poursuivant son voyage vers Londres et l'Europe.

De toutes ses compagnes, c'est elle qui a le plus de personnalité et le plus de cœur. C'est pour cette raison que Mme Roseau lui a donné ses suffrages.

Donc, son plus grand bonheur, après avoir pétri la glaise, est de courir l'après-midi chez la noblesse de robe de Paris. Sa suivante est aussi ravie qu'elle. La maison préférée est « Olcy ».

Car il ne lui suffit pas de manier des étoffes, de les essayer sous l'œil sévère de la première. Il lui faut à cette romantique le cadre et le mystère. Elle préfère Olcy, parce que cette maison est dirigée par un prince russe authentique, marié à une altesse impériale. Il lui faut ce parfum de légende qui flotte autour de la vie de ce Slave. Elle sait que c'est un émule de Dorian Gray ; qu'il aime comme lui, les bijoux, la musique, les belles fêtes, les voyages. Elle sait également qu'il y a un meurtre dans sa conscience, ainsi que dans celle du héros Wildien. Son imagination travaille. Il lui plaît d'aller acheter des robes chez ce prince charmant. L'ambiance est très intime, le salon à peine plus grand qu'un boudoir. Il en a la légèreté avec ses murs tendus de velours gris souris, ses fauteuils Biedermeïer, recouverts de cuir polychrome. Il n'y a pas de maison semblable dans Paris. Le personnel, russe, est d'une politesse raffinée ; depuis les secrétaires jusqu'aux mannequins, ce ne sont que femmes du monde. Le présenteur de la collection est lui-même un Chilien de famille très ancienne. Son père était ministre à Santiago et possédait une écurie de courses. Le fils a l'art tout particulier de flatter une création. Il sait envelopper de son charme, aussi bien que d'un lamé ou d'un crêpe georgette. C'est un enjôleur.

Le teint cuivré, les yeux très bruns, pailletés d'argent, les cheveux presque bleus et très ondulés, il fait figure de compère. Il connaît tous les nobles faubourgs de la terre.

Dès l'arrivée de Léone Armington, il s'élance auprès d'elle d'une glissade. Il l'installe dans le meilleur fauteuil. Elle est venue ce soir pour la collection de printemps. La chambrée est fort brillante aujourd'hui. On dirait le jour de la princesse.

Léone est installée sur le divan du fond juste au-dessous du projecteur. Elle se trouve en compagnie de la princesse Alexandrya qui bavarde avec le maître de céans. C'est une femme proche de la soixantaine d'un coloris très chaud ; ses mâchoires et ses pommettes, trop développées, dénotent des origines baltes ou mandchoues. Son regard dur, froid est celui d'une « businesswoman » pratique, calculatrice. Elle est venue inviter Iriskoïe, sa femme et Pedro de Guerra, à un bal qu'elle donne le surlendemain pour divertir ses pensionnaires. Cyril l'écoute distraitement, comme d'habitude, en regardant ondoyer les modèles sous les rayons des « sunlights ». Son esprit erre loin de ces défilés de robes, de ces ambassadrices, de ces américaines de passage, de ces grandes dames du Gotha, qui jacassent à plaisir en sursurrant des banalités. Il songe à un avenir problématique, où il pourrait placer sur son front la couronne des tsars.

Au-dessus de la steppe infinie, son âme toute entière, s'est envolée.

*_**

Il pleuvait à torrents ce soir-là. Le jazz-band essayait de rivaliser avec les cravaches de la pluie qui cinglait les fenêtres. La réunion de la princesse Alexandrya était savoureuse.

Il y avait des chauffeurs de taxis, qui avaient roulé toute la journée dans les rues de Paris, et qui, ce soir, essayaient de faire tenir à leurs paupières le monocle dont elles avaient perdu l'habitude. Des dos voûtés sur les écritures de l'administration du Casino de Paris ou du Moulin-Rouge, se redressaient aux lumières, au vacarme du jazz. Des employés de compagnies de navigation, qui avaient vendu des tickets de traversée, avenue de l'Opéra ou sous les arcades de la rue de Castiglione, assaillaient le buffet imposant. Et tous les portiers préposés à la réception, grooms des palaces, tous les métiers obscurs, perdus dans la capitale, reprenaient dans ce cadre de fêtes le masque de jadis.

Léone Armington dansait avec Pedro dans le salon noir et vert d'eau, de style Adams où viraient toutes les pensionnaires. La princesse Alexandrya avait cinq fils à marier; autant de neveux. Elle espérait que ce bal faciliterait des rapprochements avec ses riches étrangères. Aussi regardait-elle le Chilien avec fort peu d'aménité.

Dès la troisième coupe ce dernier avait un rendez-vous promis pour le lendemain soir chez lui. Il s'était assuré la complaisance de Mme Roseau. L'affaire semblait bien amorcée. L'ancien ruffian des plages à la mode, des trains bleus, se réveillait après une insomnie d'un an.

Mais quelle attitude adopter pour cette nouvelle victime. C'était une fille pure d'Amérique, éprise de sport et d'art. Il fallait du doigté. Le truc de sa collection d'Utrillo et de Modigliani, très usé cependant avait pleinement réussi.

Le champagne aidant, Léone avait été ravie de pouvoir contempler de près des peintures modernes. Elle aimait tout particulièrement la manière d'Utrillo, ce Cocteau de la peinture.

Cependant que toutes les danses invariablement accordées à Pedro contribuaient davantage à une première possession spirituelle, le prince Iriskoïe suivait leur manège.

⁂

« Mais oui. C'est entendu. Ce tableau est à vous. Et cette soie brochée, si vous la désirez. Tout ce qui est en mon pouvoir j'y souscrirais, les yeux fermés, pour vous être agréable. N'est-ce pas que mon appartement est sympathique. Vous regardez mes bagages dans le vestibule ? Je suis toujours prêt à partir. J'aime tant les voyages. Mes malles-cabine sont faites en cinq minutes. J'ai l'habitude des départs imprévus. Ma sinusite ? Mais je n'en souffre plus. C'est de l'histoire ancienne. Léone, je suis sûre que vous ne connaissez pas la Suisse : un pays idéal ! »

Il l'appelait Léone, tout de suite, cependant que ses yeux d'elaps, commençaient leur fascination. Il se disait que très bientôt, la victime serait à sa merci; qu'elle-même ferait la première démarche. Sa tactique séductrice, toujours la même, résidait dans l'art de glisser une phrase équivoque; très tendre, suivie immédiatement d'une autre, purement mondaine et banale, afin de dérouter.

Progressivement, il arrivait à ses fins. L'oiseau se laissait endormir. Ce Pickmann de l'alcôve, n'avait nul besoin de musique allemande pour accompagner sa séance de magnétisme. L'orchestre de ses sens était le jazz, bien qualifié pour rythmer ses expériences.

Il se tenait debout, près de la cheminée, s'amusant à faire tourner, une lampe moderne à boule d'argent. Son regard se fit plus prenant.

D'un pas lourd, la jeune fille se dirigea vers lui; les paupières clignotantes...

Ce dernier crut le moment choisi pour faire déclencher au gramophone le chant mélancolique d'un nègre.

Toute la « magie noire » entrant dans le salon, créait une ambiance romanesque et sensuelle.

Ainsi qu'une automate Léone approcha ses lèvres de celles de Guerra.

Il les accepta, avec un sourire mauvais. En lui-même, il annonça « game » comme au tennis.

L'étreinte dura le temps du disque.

Sans transition, obéissant à un réflexe surprenant, le Sud-Américain, demandait immédiatement au téléphone, un garage de location d'autos de tourisme. Il réclamait pour onze heures, cette nuit, une Renault puissante, ayant son plein d'essence nécessaire pour couvrir la distance de Paris à Genève.

**

Lorsque les deux tourtereaux se réveillèrent quarante-huit heures après, dans un palace des bords du Léman, ils étaient loin de se douter qu'ils allaient déclancher un scandale aussi grand.

Le lendemain de leur fugue, un journaliste lança dans le monde cet enlèvement sensationnel. Et les colonies américaines, nord et sud, de Paris, glosèrent à qui mieux mieux.

Pedro avait manœuvré remarquablement. Car le jour du départ en auto, Léone Armington devenait majeure. Il pouvait donc, poursuivre son plan sans être inquiété par la justice. La jeune fille avait ainsi toute facilité pour unir, un mois plus tard, ses millions nombreux à la perversité du Chilien.

Loin des potins, les jeunes mariés faisaient du camping dans les Alpes. Pedro reconquérait un semblant de bonne conduite en respirant cette atmosphère si fraîche.

Ne perdant point le sens des affaires, il avait conseillé fortement à Léone de faire un testament en sa faveur. Les accidents de montagne sont si fréquents, ajoutait-il.

La cause était gagnée. Le prince Iriskoïe pouvait donner suite à ses chimères impériales.

De Genève, ils descendirent vers Stresa, et Venise. Venise : un de ses anciens champs de bataille ; ce sable du Lido où il avait débuté dans sa vie de ruffian.

Le fantôme de la duchesse Pozza, planait sur cette plage, et devant cette Adriatique. Les pigeons de Saint-Marc roucoulaient dans le soleil de mai. Pedro songea à la douceur de Paris, aux marronniers des Champs-Elysées. Il décida de terminer leur randonnée et de rentrer en France.

Comme ils venaient d'acheter une Packard, ils résolurent de rentrer par la route, choisissant l'itinéraire de Milan, Turin et Modane, préférant la route des Alpes à celle de la Riviéra. Le voyage s'effectua dans les conditions les plus agréables. Ils étaient suivis d'une camionnette transportant un matériel de camping. Les nuits étaient admirables. Léone était radieuse. Ces heures magnifiées par l'air des montagnes lui donnaient au cœur un désir plus grand de vivre. Elle échaffaudait des projets : un mois de Paris ; puis Deauville, Biarritz. Elle achèterait un yacht pour faire une grande croisière.

A une vingtaine de kilomètres de la frontière française,
la Packard fit une embardée dans le tournant d'un col par-
culièrement difficile, afin d'éviter un troupeau de brebis. La
voiture fut projetée dans le ravin.

La félonie conserve : Pedro dut son salut en restant accroché à un sapin.

Léone de Guerra fut tuée sur le coup avec le chauffeur
et la femme de chambre.

Dans le crépuscule proche, dans la poésie du soir alpestre, le Chilien contemplait l'incendie de l'automobile.

⁎⁎

En cet après-midi de juin, il y avait foule dans le salon
de couture du prince Iriskoïe. Toutes les femmes élégantes
de Paris, étaient sur le point de partir pour le Touquet,
Aix ou Vichy. On venait choisir une dernière robe du soir,
un manteau de voyage, ou un ensemble pour le golf.

Le maître de maison paraissait ravi. Il n'avait plus ce regard rêveur et distrait qui lui était habituel. Satisfait de lui-
même, il se prodiguait, prévenant pour chacune. Il sentait
sa cause gagnée maintenant. Grâce à l'habileté de son confident, il allait pouvoir lancer ses courtiers en tsarisme, à
travers les deux continents.

Pedro de Guerra était à son poste. Un peu maigri, habillé
de noir, il restait le même en dépit de tous les bavardages
des journeaux. Car la satire cruelle de certaines feuilles,
avait reproduit sa biographie sans aucun ménagement.

Pour donner le change, et surtout pour chercher un dérivatif, il avait repris son emploi.

En cet après-midi de juin, il était aussi agité que le prince. Il courrait de l'atelier aux salons d'essayage donnant des
ordres à la première, accompagnant des visiteuses, en recevant d'autres, se multipliant, ondoyant parmi tous les chiffons
en vrai compère de cette revue de vanités.

Un mannequin venait d'entrer dans une robe de tulle noir,
ornée dans son côté d'un grand nœud assorti. La fille était
jolie, brune, très mince. C'était la nièce d'un grand pétro-
lier du Caucase.

Pedro s'était dirigé vers elle, maniant l'étoffe, inventant
un drapé, tiraillant un nœud, avec des gestes de sculpteur.

Sous les pinceaux des « sunlights », le spectacle était délicieux.

En même temps, il s'adressait à une ambassadrice anglaise pleine de morgue et de diamants :

« Vous voyez, chère Madame, j'ai créé cette robe pour vous. C'est moi qui l'ai drapée sur le mannequin. Et tout naturellement, je l'ai conçue avec amour ! »

L'r final roulait dans le silence du salon, lorsqu'une détonation retentit.

Le Chilien, atteint dans le dos, s'effondra. Le nœud de tulle de la robe, auquel il s'accrocha, resta dans sa main crispée.

Lorsque l'on se pencha vers lui, il ne respirait plus. L'elaps avait cessé de vivre.

Le prince Iriskoïe se précipita vers celle qui avait tiré, arrachant brutalement la voilette à ramages qui la masquait. Un visage d'une beauté absolument parfaite, digne d'un Corrège ou d'un Titien, apparut sous le rayon du projecteur.

Et devant l'assistance angoissée, qui l'avait reconnue en partie, elle lança un nom célèbre dans les fastes milanais, d'une voix hautaine et triomphante, où perçait l'accent faubourien de Vienne : « Duchesse Pozza ! ».

Amours Euskariennes

Maisons tristes et noires... Balcons de bois Louis XVI fleuris de palmes fanées de Pâques... Brasillement de « miradores »... Vieux hôtels, surchargés de blasons : ces clefs, soutiens de l'orgueil castillan... Parfums de canelle, de cidre, de maïs, de chocolat et de piment... Profils indiens des paysans... Tricornes en cuir bouilli des « carabineros ». Sonnailles et ruades de mulets... Jurons étranges... Crissement de chars aux roues de bois plein : tout le cockail de la rue basque.

Au milieu de la « Calle Mayor » du village d'Hernani, deux grands palais, datant de Charles-Quint se font vis-à-vis. Les murs sont vérolés par les balles carlistes. Les armoiries sont effritées entre chaque croisée.

Depuis des siècles, ils se regardent, fiers et crasseux comme des seigneurs ibères. Leurs murailles ont cette teinte ocre foncé et vert de gris des cathédrales et des vieux gâteaux secs.

Des « muchachos » très Beltram y Massès, sales suffisamment, mais beaux comme des anges bouffarel, picorent des pois chiches et des grains de maïs et s'injurient en prenant des bains de pied dans le ruisseau.

Le palais le plus délabré est celui du duc José-Maria del Pilar de Justiz-Ederra. Celui d'en face est habité par la senorita condesa Asonpcion de Istagorra.

Ce sont les derniers de leurs races. Ils ont mijoté tous deux dans l'odeur d'huile de la rue, la haine du nouveau régime et la musique fraîche, barbare, de la langue euskarienne. Chose curieuse : ils flirtent depuis quarante ans. Et le flirt le plus platonique. Il est joune, ridé, maigre comme un greco. Sa moustache encore noire, malgré ses soixante-seize ans, tombe, malade, à la Barrès. Ses yeux marrons, n'ont point l'éclat des grands de Castille, mais celui terne et mélancolique des êtres désabusés, sans avoir joui de rien. Il est gringalet, ses gestes sont étroits. Il n'a pas de race : il ressemble au secrétaire de l'alcade avec son béret et sa pélerine noirs. On ne dirait jamais un grand d'Espagne ni que son nom figure dans le Gotha. Mais cela prouve-t-il quelque chose ? D'abord, à quoi sert-il dans la vie ? Il est sorti de son village pour aller faire ses études à Barcelone jusqu'à la licence de droit. Il est fort riche, et vit comme un petit boutiquier ou un ancien receveur des contributions indirectes. Un de ses ancêtres était ministre sous Charles-Quint. Un autre accompagna Christophe-Colomb. Il y eut dans sa famille des maréchaux très braves, des hommes de cour très frivoles. Et lui n'est qu'un rat dans son fromage.

Asonpcion est le type de la chanoinesse. Elle ressemble à la reine Victoria. C'est la présidente de toutes les œuvres pouponnières, ouvroirs, l'amie des Jésuites. Elle n'a jamais dû être jolie. Son temps se passe à gourmander le curé qui n'a pas encore fini sa pipe à 8 h. 10 alors que la messe est à 8 heures, à tracasser le sacristain qui fait couler de la cire sur les surplis, à gronder les sœurs de l'hospice qui laissent mourir un vieillard.

C'est la plus mauvaise langue du village et pourtant elle communie tous les matins... De retour de la messe, en arrosant les géraniums de son balcon, elle sourit au vieux duc José qui rase, en face, ses joues couleur d'incunable.

Ces amoureux singuliers qui se visitent mutuellement chaque soir, et mènent dans le village une vie bien simple, vont toutes les semaines à Saint-Sébastien.

Le duc de Justiz s'occupe de très près de la gestion de sa fortune. Alors la comtesse de Istagorra accompagne son flirt. Après avoir été, l'un à la banque, l'autre faire des emplettes, ils se retrouvent dans un dancing de l'Avenida.

Ils se mettent au fond. — Ils n'ont pas fait de frais de toilette. — Elle garde le tailleur immuable en taffetas noir qu'elle avait à la première messe à Hernani. Le duc est habillé comme un professeur ou un chef comptable. Au début, ils avaient un certain succès dès leur entrée. On les accueillait avec la même curiosité déférente des figurants de music-hall, lorsque des personnages d'autrefois viennent pour dire leur mot. Maintenant, ce sont des habitués. Le maître d'hôtel sait ce qu'il leur faut : un chocolat bien chaud à la canelle et des petits massepains surchargés de sculptures en crême au beurre, de style hispano-germain.

Ce soir, il y a du monde. On est aux premiers jours d'août. La cour est arrivée à Santander après les régates. La salle est encombrée d'officiers kakis permissionnaires de Mélilla, de secrétaires d'ambassades venus respirer l'air du large, d'Allemands devenus Castillans depuis la guerre et tout un lot de madrilènes, sévillannes et de quelques mondaines de Biarritz entre deux excursions à Loyola ou Pasajes.

La condesa de Istagorra a une préférence pour le tango. De son œil, habitué à surveiller les ouvroirs, à gourmander les sacristains, elle regarde ondoyer les couples. Il y a un jeune argentin, nouvelle étoile de cinéma qui attire l'attention générale. « Il ressemble au fils du marchand d'espadrilles de la Caille Arona, ne trouvez-vous pas, José ? — Tiens, mais vous n'avez pas faim, ce soir. Vous feriez peut-être mieux de prendre du thé au lieu de ce chocolat lourd. Si vous m'écoutiez au moins. J'exige que demain vous fassiez prendre votre tension artérielle. »

José sourit. Les lignes de sa peau d'incunable se creusent avec le relief d'une carte du Tendre du XVIIe siècle.

Le jazz russe s'arrêtait trois secondes pour repartir dans sa course lente.

— Il paraît qu'un nouveau complot va se faire contre le roi. Le saviez-vous Asonpcion ?

— Il est sûr d'avorter comme les précédents. C'est d'ailleurs bien dommage, entre nous soi dit, ajoutait-elle en baissant le ton — car c'étaient deux carlistes endurcis, — et ils avaient hâte de voir tomber le régime actuel.

— Ce pauvre Blasco Ibanez répétait Asompcion, en remuant son chocolat. Nous avons tout perdu avec lui. Son petit livre avait du bon, n'est-ce pas, José ? Quel succès en Espagne, dans le monde. Ah ! si Don Carlos était là pour nous sauver.

Les familles de Justiz-Ederra et de Istagorra étaient autrefois suspectes. Le père du duc actuel avait été fusillé devant son palais de la Calle Mayor d'Hernani. Celui dela senorita Asonpcion était mort en prison dans une forteresse de Bilbao.

On ne considérait plus leurs descendants comme dangereux.

Pourtant José avait souscrit en 1919, sous le manteau, aux décisions des « juntes » militaires : ces soviets, nouveaux genre ; vers qui se tournaient tous les espoirs de dictature, d'abolition de l'ancien régime. Quel serait le nouveau Cromwell ?

Six heures sonnèrent à la grande horloge électrique dissimulée sous la muraille.

Le jazz-band préludait avec recueillement pour un blue. Un nègre lançait dans la salle une complainte triste. Soudain la porte de cuir bleu s'ouvrit à deux battants. Des carabiniers en grande tenue, gants et buffleteries blanches, bottes vernies et des policemen copiés sur ceux de Londres, firent une entrée en bon ordre, au pas tudesque. Il ne manquait plus que l'hymne espagnol pour rappeler les entrées des toréadors avant la course. L'orchestre eut l'à-propos de jouer cet air. Un gentleman fort élégant, la jaquette barrée d'une écharpe jaune et rouge, recommanda le calme, la correction et le silence.

Il lut un grand parchemin. Il était question d'un complot contre Alphonse XIII. On devait profiter de son voyage en Suède pour faire sauter la voie, au passage du train royal. Le siège du complot avait été découvert. Une liste de noms suivait avec leur signalement : un officier permissionnaire de Mélilla, fut obligé de laisser son abdulla et une charmante petite chanteuse anglaise. Deux jeunes allemands, en knicker-bocker durent le suivre avec leurs danseuses. Un vieux monsieur, tête de moine de l'Inquisition vint grossir le groupe. Le duc José Maria del Pilar de Justiz-Ederra, la senorita condesa Asonpcion de Istagorra terminaient la liste. Ce fut alors un coup de théâtre. Ce couple, très respectable, obligé de se lever à l'appel de son nom ! Ils firent comme les autres, très pâles. Asonpcion digérant mal son chocolat, José sentant sa tension augmenter.

Un panier à salade très confortable les attendait devant la porte.

Le portier espagnol, en redingote américaine amarante, galonnée de soie jaune les regarda monter avec ahurissement.

Quelle fin de carrière. Ce grand d'Espagne, cette comtesse guipuzcoane, écroués à la « Santé » de Saint-Sébastien.

Que diraient les gens d'Hernani. Allait-on les fusiller ou les emprisonner à perpétuité dans une forteresse ?

Le panier à salade et ses occupants traversèrent la Concha à l'heure élégante, à travers les Hispanos, les Packards, se frayant un passage parmi les klacksons, les potins hispanos-germains.

Dans la presqu'île de la baie, tout près de la Giralda, le yacht beige et blanc du roi, nos conspirateurs resteront à la disposition du gouvernement, méditant dans la brise iodée du large sur leur sort prochain.

⁎⁎

Le lendemain soir, vers 23 heures, un canot automobile démarrait doucement de la presqu'île ayant à son bord le duc de Justiz, la comtesse Asonpcion, le baron Ludvig von Olbaüm. Un gardien, acheté pour quelques milliers de marks avait livré les deux euskariens. Un avion métallique Fokker les attendait entre Pasajes et Irun.

Habilement camouflés en touristes, la comtesse en ensemble de kasha beige, le duc en knicker-bocker rose grimpèrent en hâte dans une Buick, qui les attendait au débarcadère.

La senorita avait une perruque blonde, des lunettes vertes, un feutre beige très enfoncé. Son flirt s'était rasé et maquillé pour avoir la mine d'un anglais sportif !

Ils quittaient Saint-Sébastien en habit et faisant route vers le Casino de la plage, celui du mont Igueldo, vers les dancings ou les réunions mondaines. Des yachts illuminés se balançaient dans la baie autour de celui d'Alphonse XIII.

La directrice des ouvroirs en avion ! N'était-ce pas très savoureux. Elle se serrait dans l'intérieur de la berline contre José, n'osant regarder le paysage nocturne par le hublot. Le baron von Olbaüm emmenait ses deux compagnons vers le Portugal, refuge des proscrits.

L'avion survolait la côte, piquant droit vers Santander.

Un radiotélégraphiste, jeune homme de Dusseldorf, qui avait reçu l'ordre d'appareiller dans un bar de Saint-Sébastien, n'avait pas eu le temps d'enlever son smoking. Il correspondait dans cette tenue en langage chiffré avec Lisbonne.

Von Olbaüm pensait atterrir au bas des Monts Ajuda, au sud de Cintra, vers huit heures du matin.

Maintenant, dans le ciel d'été, tout étoilé, le couple euskarien dormait sous des plaids à 3.000 mètres d'altitude. Que devaient dire la vielle bonne d'Asonpcion, le vieux valet de chambre de José ?

L'avion venait de dépasser Oviédo lorsqu'une aile se détacha. L'appareil perdant brusquement son équilibre envoya rouler José et Asonpcion entre les fauteuils. La berline tombait en feuille-morte avec une rapidité vertigineuse, tout son corps de fer vibrant d'S. O. S. Il vint s'écraser à un demi-mille de la côte espagnole et plongea dans l'Océan en écrasant une centaine de mouettes.

Minuit sonnait dans tous les villages de Castille et du Guipuzcoa.

La vieille bonne et le vieux domestique pouvaient attendre en vain leurs maîtres.

La mer ne rendit jamais leurs corps; on retrouva l'aile seulement avec un train d'atterissage.

Le lieu de l'accident était marqué par d'innombrables fleurs blanches, sur les vagues : hommage funèbre et involontaire des mouettes écrasées.

L'amazone à nez de cristal

La comtesse de Vernuy-Boscelles... Quelle étrange figure ! Elle repasse au fond de mes souvenirs d'enfant dans le galop d'un irlandais noir, harnaché de daim blanc, œillets rouges aux têtières... Boutet de Monvel estompé par le sable des dunes jaillissant aux foulées... et toujours escortée d'au moins deux lads et de six chiens braillards, ou bien dans le roulis d'un chameau poitrinaire, surveillant, de cette monture d'Asie, les ébats d'un lionceau, affublé d'un collier, qui tire sur sa longue chaîne d'or. Altesse exilée en mal de mascarade hippique ou bien écuyère de cirque en rupture de parade ? Une malade simplement.

Un tailleur gris, de coupe masculine, moulait invariablement, à la façon d'une uniforme, la virilité inutile de son corps maigre. Un canotier à ruban eatonien, posé très bas sur des cheveux oranges, complétait sa silhouette. Une voilette crême, à ramages l'enveloppait de mystères : « She looks a man, isn' t she ? » disait un jour Edouard VII à New Marcket, lors d'une vente de yearlings, en la voyant cravacher un deux ans de Saint Alary, rétif devant l'obstacle. Le souverain anglais jugeait bien d'ordinaire. La silhouette de cette excentrique fut immortalisée par une de mes tantes sur le parchemin d'un tambourin. J'ai toujours vu cette peinture dans le cabinet de toilette de mon père. Sur un fond de mer crépusculaire on la voit fière, sur son irlandais cabré, environnée de mouettes et de fox-terriers. C'était la fille d'un grand banquier parisien et la nièce d'un président de la République. Elle grandit entre des parents distraits, des gouvernantes cosmopolites, des laquais interlopes. Déjà enfant, elle se singularisait par des extravagances tournant au sadisme et des instincts masculins. Il y avait là l'atavisme regrettable d'un aïeul débauché.

A six ans, pour se venger d'un poney de Shetland, qui l'avait désarçonnée, elle le larda de coups de sabre japonais jusqu'au trépas de l'animal. Des cygnes du bassin, chez elle, refusant, affolés, le pain qu'elle leur offrait, furent rattrapés à la nage, étranglés et cachés soigneusement tout en haut des sapins. Un jour vint où, délices pour elle, ils tombèrent, Lohengrins putréfiés, sur la tête d'un vieil académicien ami de son père. Une nuit de juillet, elle s'enfuit de chez elle et pénétra dans les jardins de l'Elysée par une petite porte de l'avenue Gabriel; elle eut un succès sans précédent à son entrée dans les salons : en boucles blondes et chaussettes, elle s'en alla faire une révérence dénuée de protocole devant les souverains espagnols. On juge de l'émoi de son oncle, le Président.

Le monstre promettait. Pour s'en débarrasser, ses proches la marièrent un peu vite avec un écrivain bellâtre qui, terrorisé, s'enfuit le lendemain du mariage, en réclamant le divorce. Riche et indépendante à dix-huit ans, elle ne pouvait demeurer à Paris, avec son caractère si fortement amoral. On l'envoya donc au bord de la mer, à Boulogne, en compagnie de chevaux, de chiens et de gens d'écurie, faire une petite cure d'isolement. Cette vie nouvelle parut amener une amélioration cérébrale. L'existence méthodique d'un homme de cheval : dès le matin, en selle, l'après-midi, pareillement. Même la nuit, elle allait fouler le sable des dunes ou les prairies de la vallée heureuse. Elle passait son temps à dresser des chevaux canadiens, avec la virtuosité et l'énergie d'un écuyer du cadre noir. Réveillée à 5 heures par une douche glacée, son premier soin était pour ses seuls amis somnolant encore dans leur box; elle tenait à leur préparer le premier barbottage de la journée. Très dure pour ses lads, aussi exigeante qu'un adjudant de cavalerie ou qu'un entraîneur, elle réprimandait ses valets anglais dans le splang le plus imagé de Whitechapel. Cela ne l'empêchait pas cependant après un pansage de trinquer le gin avec eux ou de griller du navy cut ensemble. .

« She looks a man », avait dit Edouard VII. Dans son salon pavoisé de cravaches, éclairé de Cecil Aldin, devant son cou cravaté de blanc, ses jambes bottées de souple et ses mains halées et fortes, on ne pouvait que prononcer semblable diagnostic. Enigme vivante, notre écuyère n'avait que les dehors masculins. On essayait vainement d'interroger ce visage voilé parfois, dont le dilemme s'aggravait devant un autre encore plus troublant : celui de sa beauté. Lorsqu'elle avait arraché ce moucharabiech de dentelles, c'était le visage le plus délicat, le plus complet. La comtesse Rose avait des yeux prenants à la Mata Hari, mais hélas ! plus de nez, car rongé sournoisement par un accident d'avarie. La conséquence facheuse d'une hérédité mal soignée se camouflait difficilement sous un postiche en paraffine, avivé de fard rose et moulé sur le nez d'une Junon du Louvre. Devant cet appendice translucide, rappelant d'assez loin les statues chryséléphantines des Grecs, on ne savait s'il fallait grimacer de rire ou de dégoût. Mais son regard brun pailleté d'argent conquérait si pleinement qu'on se laissait aller à l'absurdité d'admirer ce masque pourri.

On comprenait ce besoin de vie intense et rude pour étourdir ses souffrances, on excusait les extravagances du chameau et du lion, ses intoxications quotidiennes à l'heure du porto sur la terrasse du Casino où elle invectivait les baigneurs, ses dîners et ses bals donnés à la société étrangère, où elle ne paraissait jamais que vers 2 heures du matin, retour d'une randonnée nocturne, entrant, bottée, par la porte-fenêtre du salon, ovationnée par ses invités, ou sans nul souci d'eux, faisant faire à son pur sang quelques pas espagnols au son de l'orchestre.

On la plaignait pour son mail coach garni de matelots ivres sillonnant les routes au galop dans le fracas des cors de chasse.

Cette victime d'un mal honteux était guettée par le tabès, ou bien la ruine. Cette dernière extrémité s'offrit à elle au début de la guerre. Ses vingt chevaux, dressés comme des bêtes de cirque avaient passé le détroit, raflés par un impresario de music-hall londonien ; ses lévriers, ses dogues et ses fox-terriers faisaient maintenant l'ornement d'un parc d'Ecosse ; son chameau tuberculeux devait faire la publicité d'une marque de cirage dans les rues de Saint-Sébastien et son lionceau, terreur des Boulonnais, les beaux jours de foires de province. A chaque départ, son mal physique gagnait du terrain. Et lorsqu'elle dut quitter le bungalow blanc et rouge, au-dessus de la plage, ce fut la culbute. Réfugiée dans une pension de famille anglaise de la ville, elle vivait simplement, afin de pouvoir conserver le dernier pur sang de l'écurie, Kasimir II, et Beq, son scotch-terrier. Coûte que coûte, il fallait s'accrocher à ce reflet d'autrefois. On la vit galoper quelque temps sur les dunes, mais c'était presqu'un fantôme.

Un jour vint où, pour payer l'hôtel, il fallut dire adieu à Kasimir et Beg. Les deux derniers débris de sa légende prirent le même chemin que leurs compagnons enlevés par une comédienne du Prince's de Londres.

A dater de ce jour, la comtesse de Vernuy-Boscelles n'exista plus. Une femme dont les nerfs doivent être apaisés par le galop d'un irlandais, réconfortés par les jappements d'un chien, et qui ne peut plus participer de cette atmosphère d'autrefois, devenait irrémédiablement candidate au suicide.

Une vieille demoiselle de vague origine hollandaise, Sophie de Moorveg, qui se trouvait au même « boarding house » la prit en pitié. Comme elle était fort riche, elle loua une villa du côté du Portel, et s'y installa en compagnie de l'ex-écuyère, vers le début de septembre 1914. Boulogne était rempli d'Anglais. On entendait claquer le 77 du côté de la frontière belge. La demoiselle hollandaise donna des thés fort brillants ou l'état-major franco-britannique se trouvaient réunis autour des buns et des pockers. Mlle de Moorveg avait une prédilection pour l'uniforme. Elle s'intéressait très intelligemment aux positions des troupes, à leurs effectifs, aux secrets des Q. G., aux manœuvres de cavalerie, aux offensives prochaines. Elle vouait une affection toute particulière aux pigeons, dont elle avait un fort bel élevage. Comme on la jugeait quelque peu éberluée, on ne prêtait attention aux ébats nocturnes de ses oiseaux. Quel augure pouvait bien tirer du vol de ses pigeons ce mage très moderne ? Sophie de Moorveg, habile comédienne, était plus simplement une alliée dévouée de la Wilhelmstrass, qui avait flairé dans la comtesse, un auxiliaire de choix. Son instinct ne l'avait pas trompé. Notre amazone à nez de cristal apporta dans ce nouveau métier une compétence en fonction de son esprit dépravé. L'alcôve était sa partie. La Hollandaise estimait que le magnétisme des yeux pouvaient compenser l'imperfection des traits. Mais elle avait compté sans l'hérédité malheureuse. Un pauvre petit lieutenant anglais victime de ce piège, décida de se venger.

La Place de Boulogne ouvrit une enquête. Quelques jours après, la comtesse de Vernuy-Boscelles, aliment des potins de la ville, et Mlle Sophie de Moorveg étaient priées de porter leurs lumières stratégiques et colombophiles sur les bords du Léman.

L'air alpestre assainirait sans doute leurs cervelles égarées.

II

Au mois d'avril 1920, je me trouvais de passage à Genève pour y étudier l'émigration slave. Un soir, au dancing de la Résidence, ma compagne de table, jeune Moscovite, me dit après un fox-trott : « Je viens de voir danser le nez de cristal. Il faut que je vous présente. C'est une femme à coucher dans vos notes, mais surtout... pas dans vos draps ! »

Le nez de cristal ? Où avais-je entendu ce surnom ? Déjà le band fusait à nouveau, lorsque arrêtant la Russe, prête à se lever : « Ne me la présentez pas tout de suite. Racontez-moi son histoire avant ».

Kathya Yousseneff désigna de son « mosser » une table fleurie d'œillets d'Espagne. Trois femmes y fumaient, parées comme des vierges byzantines : « La personne en question porte un diadème de rubis ».

Le visage fardé sous ces pierres sanglantes, ces yeux bruns pailletés d'argent, c'était la femme-cheval de Boulogne-sur-Mer, la comtesse de Vernuy-Boscelles : « Mais c'est une vieille connaissance, Katiouchtka. J'avais perdu sa trace en 14 dans le Pas-de-Calais. Elle faisait alors du service de renseignements pour la Bochie, interrompu bien vite par un petit voyage à perpétuité dans le pays de Calvin ». En quelques mots, je narrais à la Moscovite l'existence excentrique dans le cottage boulonnais : « C'est cela même : une femme dangereuse, répéta Kathya, à la fin de mon récit. Seulement vous me parlez d'une comtesse française, alors que la société genèvoise ne connaît que lady Joan Mossing, veuve d'un ancien ministre écossais, colon en Nouvelle-Zélande. Vous auriez dû venir plus tôt en Suisse. La ville est à l'heure actuelle une Babel fort intéressante depuis les changements de régime et la Société des Nations. Je ne changerais pas ma place de comptable à l'Equitable Trust pour rien au monde.

J'ai toujours eu une prédilection pour l'âme internationale. Mon frère Grégori est dactylo chez la lady en question. C'est ainsi que je suis si bien renseignée sur votre écuyère. Elle s'est installée ici en 16 et mène un train de rahnee dans un petit palais d'un égyptien très munichois, qu'elle fit construire au bord du lac. On la voit toujours avec ces deux femmes, ses secrétaires soi-disant. Car elle s'occupe d'une cause à la mode, la ligue internationale pour l'émancipation de la femme. Elle fait des conférences, donne des thés aussi brillants que ceux de Madame Aurel, des dîners d'ambassadrice et des fêtes dignes de Poiret. La colonie cosmopolite fréquente assidûment le Palais Mossing. Mais pour des raisons que vous allez comprendre, mon frère, Suédois de contrebande, comme votre servante, du reste, sait à quoi s'en tenir sur les agissements de l'entourage Mossing.

« La pseudo-ligue féminine dissimule une agence soviétique, chargée de l'écoulement des brochures bolchevistes en Europe occidentale. L'une des secrétaires, cette grande et brune Loreleï, au sourire de faunesse, est Munichoise ; elle s'appelle Greté Merk. C'est, paraît-il, la fille d'un cuisinier du roi de Bavière. Son pedigrée est savoureux. A dix-huit ans, elle est religieuse dans un monastère de Wilna. Deux ans plus tard, elle monte à Vienne, sur le Ring, un institut de beauté. L'après-guerre la fait retrouver un peu plus bas. Elle joue alors un rôle prépondérant dans la IIIᵉ Internationale sous la dictature de Bela-Kun. Une collaboratrice dévouée d'Otto Klein, ce juif ignoble qui dirigeait à Budapest le Service des Recherches politiques et qui laissa un nom célèbre pour ses massacres du Palais Batthyani. Elle s'est réfugiée au Palais Mossing, à la réaction Horty. Elle a beaucoup de succès à Genève. »

Le band préludait doucement pour un fox-blue. « Venez danser un peu, fit la Russe, en achevant son champagne ».

Puis tandis que nous ondulions sur la piste encombrée ; Kathya poursuivit :

« Quant à ce pékinois pour Américaine, en dentelles de soie rose, c'est une ignominie : une juive chinoise, Judith Sun-Tsé-Pang, veuve d'un marchand d'opium de Shang-Haï. Toutes les tares. Une ancienne déléguée de la Tché-Ka, agrégée de l'Académie de Propagande de Moscou ; elle s'est acquise une renommée dans les exécutions de fuyards en Mongolie. C'est elle, en quelque sorte, le grand chef au Palais Mossing, où elle est crainte de tous. Mais il faut que je vous mène un jour chez ces trois femmes. On y fait des rencontres bizarres. Vous déjeunez un jour avec Clara Zetckine, camouflée en général de l'Armée du Salut, ou bien avec Cachin présenté comme un financier tchéco-slovaque. On y fume l'opium. Judith et lady Joan sont friandes de la drogue. Dernièrement, fait curieux : à un bal travesti, Zinoview en personne, fox-trottait avec une princesse géorgienne dont le mari fut assassiné pendant la révolution. Elle était bien loin de se douter de la situation politique de son danseur. Mardi dernier, Rapopport y prenait le thé. Mais voici ce boston allemand. Profitons-en pour vous présenter à votre ancienne connaissance. »

C'était bien elle : ce nez bizarre, en dépit d'un maquillage minutieux, gardait son apparence camphrée et ressemblait surtout à un moulage ectoplasmique. Cependant, les yeux d'autrefois avaient perdu de leur pouvoir magnétique : l'opium, sans doute. Mais, aussitôt que son corps long et maigre enroulé de tulle lavande se fut collé au mien, elle me dit brusquement dans un français de Picadilly : « Oh ! Il faut venir à tout prix, jeune homme, dîner chez moi de main, avec la petite Suédoise de votre table. Un dîner masqué, très piquant, croyez-vous. Je me souviens d'avoir lu un de vos livres en allant chasser l'ours dans les Pyrénées. C'était avant la guerre. A cette époque, je faisais l'Europe en auto avec mon mari, tout en lisant sur les routes internationales Shopenhauer, Pascal, Freud... ».

Hein ! Quoi ! Un moment stupéfait, je la regardais. Puis, bien vite, elle m'apparut calquée sur le modèle de ces grandes dames anglaises des palaces qui affirment toujours vous avoir vu au Meurice un soir où elles dînaient justement avec l'Aga Khan ou le roi de Portugal. Par quelle nouvelle aberration mentale avait-elle adopté ce rôle d'étrangère ? « D'ailleurs, ajoutait-elle en éternuant dans ses plumes mauves, n'ai-je pas dansé avec vous au Critérion de Londres, ce dancing aérien, ou bien, non, peut-être aux Baléares, je ne sais trop... ».

J'attendais cette phrase. Décidément, l'amazone de Boulogne était très loin. Le tailleur gris et le canotier devaient moisir au fond d'une vieille armoire, avec les cravaches, les bottes.

Il n'y avait plus qu'une lady d'emprunt, quadragénaire et blonde en robe préraphaëlite et diadème rubis, arrivant de la Nouvelle-Zélande, nourrie de Tolstoï et de Wordsworth et qui invitait en dansant, à un dîner masqué très piquant, croyez-vous...

III

Lady Joan baignait ses ongles précieux dans une eau parfumée de pétales de magnolia. Dans la salle à manger bleue aux portes rondes en glace, où le surtout de table était un grand bassin, peuplé de poissons d'Hokousaï et de jonques dorées, les domestiques nègres, vêtus de roubachkas blanches, s'étaient retirés. Etrange dîner. Que cachaient tous ces loups de velours noir ? car les convives étaient masqués. Masqué ce professeur de l'Université de Stockolm aux cheveux de lin, crépus. Masqué ce peintre de Lemberg à l'encolure bovine. Masquées, ces trois Espagnoles, qui ne s'exprimaient qu'en allemand. Masquée cette princesse lithuanienne essayant vainement de cacher son âme traîtresse de bolchevique. Masqué, cet étudiant égyptien ; masqué ce doktor maigre de Leipzig, au crâne passé au polissoir et grimaçant comme Caligari ; masquée, enfin, celle qui recevait, occasion unique pour elle, de cacher l'opprobre de sa face. Lentement, elle venait de se lever, nous invitant à changer d'air.

Dans le grand studio, violet, orange et noir, d'un Munichois décourageant, avec ses pans coupés, ses faux rayons de lune, ses ombres artificielles dignes du maître Kroll, ses escaliers, ses grottes postiches, la belle Greté Merck interprétait au piano à queue une mélodie de Schumann. Judith, la juive chinoise, conversait dans un dialecte mystérieux avec les trois Espagnoles. Perdu dans un Pulmann cerise, engourdi par le Lied allemand, je rêvais aux sirènes du Rhin : « Cognac ou wisky ? » murmura lady Joan près de moi. Sous le velours, les yeux reprenaient de leur fluide passé.

« Allons respirer, me dit-elle en glissant une écharpe sur sur sa tunique perlée. J'ai travaillé toute la journée avec mes secrétaires. J'ai besoin de marcher. »

Indifférent aux balalaïkaïstes qui préludaient dans une loggia du studio, je la suivis dans le parc. Et cependant que nous nous promenions sous des palétuviers mouillés de lune, que nous descendions les escaliers des jardins suspendus, faisant fuir des lévriers neurasthéniques ou des paons grognons, je songeais à Rose de Vernuy-Boscelles. Guettée jadis par la folie ou la cachexie, je la retrouvais maintenant, libérée de toute fin prématurée, grâce à quelque marché démoniaque, aussi énigmatique qu'autrefois. Tout près, le lac, piste irréelle de dancing. Plus loin, le Mont Blanc, sous un lamé bleu clair, et lady Joan citant des vers de Keats ou parlant de sa prochaine conférence sur la femme. Pendant ce temps, dans une aile du Palais, des sans-fils bourdonnent vers Léningrad, assourdis par l'orchestre du studio qui reprend *Naughty Waltz* pour la troisième fois.

L'ancienne écuyère avait enlevé son masque. Par politesse, je suivis son exemple. Je retrouvais brusquement une expression qu'elle avait eu un jour en jurant après mon cerceau venu se loger dans les pattes de son cheval. Je faillis lui dire : « Je ne suis point le jeune homme de Londres ou des Baléares, mais ce petit garçon qui, un matin d'août 1907... »

Mais je ne pus que serrer plus fort son bras squelettique. Insensiblement, je me sentais poussé vers cette femme. Ses yeux se durcirent et devinrent, sous la lune d'avril, couleur de fer humide. Elle se cabra, excédée : « Oh ! non, je vous en prie, monsieur ! Je n'aime pas les hommes ! »

Je ne pus m'empêcher de rire et m'écrier :

« J'ai pourtant connu, dans le nord de la France, une comtesse de Vernuy-Bocelles, qui semblait ne pas les mépriser. » Je la sentis chanceler à cette déclaration. Elle se retint à un pigeonneau de marbre. Une lueur folle alluma ses yeux. Un tremblement hystérique la secoua. Une bave coula de sa bouche. Elle exprima un râle. Que venais-je de remuer dans ce cerveau, dans ce corps, au nom maudit ! Toute la pourriture endormie pendant six ans, bougeait sans doute en elle comme une vase. Elle me saisit au poignet, le mordit jusqu'au sang, puis, après m'avoir giflé à tour de bras, s'enfuit. Une ombre blanche, en qui je crus reconnaître Katya se lança à sa poursuite. La malheureuse, reprise d'un de ces accès de folie affreuse, qui, dans la syphilis, sont des prodromes de mort prochaine, courait en criant vers le débarcadère du parc. Toutes les souffrances du virus engourdies, enflammant ses entrailles, la poussaient fatalement vers l'eau luisante. Mais quoi. Ce geste de Kattiouckka, dans le dos de l'Anglaise ? Et cette dernière roulant au bas des marches du troisième étage du jardin, souillant de sang le marbre. La Russe me prit par le bras, et, d'une voix saccadée, comme transie de froid, étrange, pour cette nuit tiède de printemps : « Ah ! vous ne saviez pas. Il y avait longtemps que je voulais le faire. Quand j'ai vu qu'elle allait se noyer, j'ai bondi pour quelle meure de ma main et pour venger tout le mal qu'elle a fait dans le monde avec ses livres de propagande. Regardez ce montre, déjà pailleté de pus, sanguinolent; ce nez brisé, d'où coule un venin noirâtre ! Et dire que je me suis laissée aimer d'elle pour capter sa confiance, déjouer certains de ses complots, instruite par mon frère ! Enfin, j'ai vengé tous les Russes !... »

Poussant du pied ce cadavre perlé, elle fit quelques pas, puis s'évanouit dans mes bras.

Un paon craintif vint rouer près de nous.

En haut du palais, l'ampoule de la cabine du sans-fil brillait toujours : phare nouveau genre; les balalaïkaïstes grattaient un tango de velours.

Ainsi finit l'ex-comtesse Rose de Vernuy-Boscelles, l'amazone à nez de cristal.

———

Un Quadrige de Princes

... Je suis descendu, une nuit, vers deux heures du matin, dans les bas-fonds d'une grande ville, après une nuit de labeur cérébral... Etait-ce à Trèves, Lemberg ou bien Saint-Sébastien ? Je ne saurais le dire. Ma substance grise, envolée aux quatre points cardinaux, se refusait absolument à situer mon subconscient et son enveloppe matérielle sur un point x du globe.

Au bout d'une heure de marche, je m'arrêtais légèrement fatigué, devant une grande habitation en construction, réplique exacte du château de Sinaïa...

Dans une salle du rez-de-chaussée, soupaient, autour d'une table de cuisine, quatre convives étranges, tous embués d'une lueur rouge. Une odeur de fourmi, de plâtre et de tannerie, arriva jusqu'à moi, par la baie entr'ouverte.

Essayant d'appeler au secours, les pigeons voyageurs de mon cerveau désemparé, je mis, avec stupeur un nom sur ces soupeurs. Je reconnus d'abord le prince David de Clareize, ce jeune homme charmant, à qui rêvent toutes les femmes des deux mondes. Il avait une barbe de quinze jours, mais rachetait avec esprit cette négligence par un ravissant costume d'intérieur, que je signale aux tailleurs parisiens et londoniens : roubachka de soie blanche à broderies et ceinture rouge, agrémentée de pantalons de satin noir : cadeau d'un prince slave très connu.

David de Clareinze était en train de beurrer soigneusement sa tranche de bacon, ramassée dans le ruisseau, avec de la marmelade d'abricot. puisée à l'aide du manche en écaille d'une brosse à dent, dans une bouteille de cirage, compotier inattendu.

A sa droite, Brâgues, le prince de la couture, en smoking de moire vieux rose, battait mélancoliquement des cocktails, mélanges savants de parfums de la rue de la Paix et de perles japonaises dissoutes.

À l'autre bout de la table, Priam Faux homme, le prince des écuyers, l'homme de la journée des Drags, le dernier vieux beau de Gyp, déguisé en palefrenier et tout proche de l'enfance, retenant ses défaillances en respirant des soutiens de gorge, imprégnés de jicky, ou de l'essence de crottin, conservée dans un flacon de platine et jade ; tout en s'amusant à sucer parfois des manches de fouet neufs ou des pommeaux de cravache en nombre respectable.

Le dernier convive était le prince Dayhur de Punjab, dans un costume d'ambassadeur persan, en lamé d'argent, qu'il portait un soir au bal vénitien de l'Opéra : il mangeait avec religion des tranches de cobras frits, revenus à la menthe.

Sur un vieux bas-relief toscan, les dominant tous quatre, se dressait, en arrière-plan, hiératique, immobile, et debout, la comtesse Noayesco, en peplum écarlate portant, attachée sur son ventre, à une ceinture de diamants noirs, une lampe tempête.

Les soupeurs mangeaient en silence.

Quel destin mystérieux les avait amenés jusque dans cette maison en construction.

Leur vision était bien navrante.

Emu, intrigué, plein de courage, je me hissais jusqu'au bord de la baie, et par un rétablissement, je sautais dans la pièce.

Aussitôt, la grande poétesse leva vers moi son flambeau prosaïque, et me demanda en vers, le mobile de mon intrusion.

Je voulais lui répondre en alexandrins similaires, mais elle me fit signe de n'en rien faire. Elle descendit de son bas-relief et me saisissant brutalement le poignet (Elle était glacée) : « Ah ! que dites-vous de ces quatre misères ! Je les ai recueilli, il y aura quinze jours demain, près du gazomètre. Ils mourraient de faim et de peur.. Ils avaient ces mêmes costumes. D'où venaient-ils ? De quelles fêtes travesties pouvaient-ils s'échapper ? Je veux l'ignorer ? Oui, je veux l'ignorer !...

« Cette maison en construction, m'appartient. Mes ouvriers l'ont laissée telle que, il y a un mois ; je ne pouvais les payer. J'avais donné tous mes biens pour sauver la reine de

Valachie, sans resources, après la tourmente bolchevique, qui la chassa de Bucarest.

« Je n'ai plus que ces quelques caisses, où il y a des poèmes, des livres, des robes, des plantes préférées : admirez ces hortensias bleues, dont les boutures me furent données par Robert de Montesquiou...

« Ah ! mais vous ignorez, sans doute que mes quatre protégés ont perdu la mémoire.

« Oh ! des fous tranquilles. Rassurez-vous. Je les ai recueillis en souvenir de leurs légendes... Je suis pauvre, mais je fais tout pour eux. Je n'ai rien absorbé depuis un mois... Ah si ! je relis Proust, ça me soutient un peu...

« Non, non, ne parlez pas : ne répondez pas, ne questionnez pas. Le son de votre voix les ferait souffrir, surtout David, mon préféré.

« Dites-moi, je voudrais bien que vous me portiez un gilett, un de ces jours. Cette barbe me navre. »

Soudain, Priam Faux homme, leva vers vers nous ses yeux éteints, et agita un soutien-gorge en soie noire « C'est son heure de gatisme, me prévint cette étrange infirmière avec un soupir résigné. »

Le vieillard se leva, d'un seul coup, après avoir respiré son bizarre flacon de sels en jade et platine. Puis, le plus naturellement du monde, commença de sauter en cadence autour de la pièce : « C'est le pas espagnol, me dit la comtesse en écartant une guêpe, venue buziller sur le verre de la lampe ». Soudain, Priam bondit sur une chaise qu'il enfourcha et esaya un canter effarant, agrémenté de sauts de caisses. « Un taquet, un taquet, hurlait-il... parfois. » A un moment, il se déroba, comme au concours hippique, et, de sa cravache, roua de coups sa chaise monture. Iuntile de vous dire qu'il se frappait les mollets et les cuisse, jusqu'au déchirement des culottes de cover-coat et au jaillissement du sang.

En même temps, bave et jurons aux lèvres, il se roulait par terre en poussant de formidables hennissements : « Il fait ça tous les soirs, me rassura la poétesse. Remarquez que ses compagnons ne s'aperçoivent de rien. Ils ne font jamais d'excentricités, sauf Brâgues, qui se met nu, parfois, et danse, un pagne de toiles d'araignées à la taille, des pas de Ballets Russes. Dayhur a son originalité, lui aussi : il mange, toute la journée des morceaux de cobras, sans être incommodé; c'est un véritable fakir.

Mais le plus gentil de tous, c'est David de Clareinze. Oh! vous savez, ce charme britannique, cette jeunesse oxonienne, ce parfum d'innocence et de physique sain :

S'il ne pleurait pas deux fois par jour, comme un petit garçon, ce serait idéal. Le matin, lorsqu'il prend son tub dans un baquet du couloir, abandonné par les maçons, et qu'on a le malheur de passer, il rougit comme une backfish et se voile le sexe d'un geste délicieux, très « gentry ». Par exemple, un défaut terrible : « l'enfant dans la rue », l'intéresse un peu trop. Ses meilleurs délassements se passent en compagnie de jeunes voyous. C'est bien de faire de la popularité : mais j'en subis parfois les conséquences fâcheuses lorsqu'il nous ramène des bestioles... Il a parfois des indigestions et n'a découché qu'une fois : le soir où une femme en robe de perle couleur de caviar et résille de rubis sur le chef, est venue, dans une somptueuse Daimler, pilotée par elle. Elle est entrée, a regardé David : il s'est levé, halluciné, et tous deux sont partis malgré mes protestations. A l'aube, des domestiques en livrée d'ambassade, me l'ont ramené dans un état proche de l'hébétude. J'ai dû le veiller trois nuits.

« ... Ah! Je comprends ce que vous voulez me dire. J'accomplis avec une joie surhumaine cette tâche glorieuse. Mais je ne me plains pas de mon sort. Le samedi, je lave leur linge tout en relisant Mallarmé ou Claudel; il y a si peu de choses, comme nettoyage : le pyjama russe de David, le smoking de Brâgue, les culottes et la chemise de cow-boy de Faux homme, toujours ignobles et le somptueux costume de lamé d'argent de Dahyur de Punjab.

Et ça ne m'empêche pas d'écrire des poèmes. J'en ai composé un hier soir : mais je ne vous le livrerai pas, car son ésotérisme vous échapperait... Oh! oui. »

Au même moment, le prince de Clareinze demanda à vomir : il avait fini le pot de marmelade. Brâgue lui présenta son shaker d'argent. Mais la nausée ne put venir.

Deux papillons bleus, venant des champs, entrèrent avec un petit seely-ham exquis, au collier de galuchat : « Ma ménagerie, fit la comtesse de Noyaesco. Les papillons sont apprivoisés et viennent, sur mon ordre, orner mes oreilles. Le chien est déséquilibré : il mange des vers... Ceux de Beaudelaire et de Tristan Tzara sont ses pâtées préférées. Le dimanche, il va faire des footings mystérieux en ville. Mais... »

La grande poétesse des Balkans, fut interrompue par un cri de Brâgue : sa barbe, son orgueil, qui le faisait ressembler à Edouard VII, tombait poil par poil, sur la table, et leur chute crépitait comme l'ébonite. Le prince David, bouche étonnée et yeux exorbités, contemplait ce spectacle : « Il va avoir une crise de nerfs. Ah ! mon Dieu, David ! Be quiet. Je vous défends ! »

Aussitôt, le jeune homme blond, se leva avec majesté, et, très beau dans son vêtement d'intérieur rouge et noir, se baissa et rampa vers la comtesse. Il gémissait comme un chat amoureux, baisa les pieds bagués d'émeraude de la poétesse, puis s'endormit, pour une digestion candide, sur cet oreiller de chair et de gemmes.

« Il va dormir ainsi jusqu'aux premiers rayons du matin. Et je ne bougerais mes pieds pour rien au monde. L'adorable tableau. Quel dommage que Van Dongen ou Van Dyck ne soient pas là ! »

C'est alors que le prince hindou de Punjab, repu de cobras frits revenus à la menthe, se leva avec l'agilité d'un danseur oriental.

Madame Noyaesco me prit la main : « Vous allez assister à quelque chose d'unique, me dit-elle, la voix rauque et oppressée. »

Dayhur, en ondoyant, gracieux dans son vêtement d'ambassadeur persan, s'était dirigé vers un coin de la pièce. Brâgue s'était dressé en reniflant puissamment. Faux-homme, reposé de son steeple, abandonna le fouet qu'il suçottait.

L'Hindou déplaça une caisse de livres et s'empara d'un sac en toile blanche analogue à ceux des marins, et qui était agité de frémissements anormaux. Il sortit de sa poche un mikiphone, dernier modèle, qu'il me chargea de porter : la chanson hindoue, de Sadko, jaillit aussitôt de l'instrument. Très triste et lancinante, la musique de Rimsky-Gortchakof, s'envolait dans la salle et faisait sortir du sac de toile deux splendides cobras, qui dansèrent aussitôt sur leur queue. La comtesse balkanique, ne put s'empêcher de murmurer, *mezzo voce*, quelques vers de Rabindranath Tagore : « C'est son dîner de demain, me confia-t-elle, entre deux strophes ». Il les charme au moyen de cet air des Indes, avant que de les mettre à mort. » Brâgue avait la figure illuminée de joie : reminiscence pour lui de fêtes orientales qu'il donnait avant la guerre.

Faux homme, eut, alors, la malencontreuse idée de faire siffler un de ses fouets. Je ne sais pas pourquoi : je fus saisi d'angoise, aussitôt, et je poussais une clameur tragique.

Alors, panique.

Je lâchai le mikiphone et le charme s'évanouit avec cette chute. La comtesse flairant le danger, dégagea ses pieds, oreillers de David, et sauta sur son bas-relief. Dans sa hâte, elle brisa la lampe. Noir atroce. La lune, heureusement, put éclairer ma fuite, et je courais à perdre haleine, en criant comme un fou dans la nuit de janvier, étrangement douce.

Je me trouvais, à l'aube sur une colline dominant la ville. Une brume estompait les toits. Une motte d'herbes, aromatisée par la brise nocturne m'invitait au sommeil. Et j'allais m'endormir dans les premiers rayons du soleil, lorsque... je me réveillais dans les bras d'une petite indigène de Shangaï. Les douze coups de midi, tintaient gravement à la cloche de bord du vaisseau-amiral anglais, en rade depuis hier, et venu protéger les concessions étrangères...

Annameries parisiennes

Le bonze de jade frappa six coups de gong. C'était le signal du départ. Abraham Leitner, un gros juif mélomane de Cracovie, cessa de jouer au clavecin Directoire une valse de Poulenc. La marquise Usini, sosie de Francesca Bertini, s'enveloppa dans ses zibelines. Krisno Durga, poète hindou, frais échappé d'Oxford, se leva du divan avec Che-Tu, le peintre mandchou à la mode, qui s'étira avec la grâce d'un Pékinois.

L'atelier parut immense après la disparition des quatre visiteurs. Le prince Loi-Dinh fit coulisser le grand rideau de soie orange, pour renouveler l'air surchargé d'odeur de tabac, de parfum de santal, de racines d'iris et de rose.

Il ouvrit une des baies de la paroi vitrée et respira l'air du jardin. Dehors il faisait bon et presque clair. Des effluves de dahlias et de chrysanthèmes vinrent à lui en bouffées tristes. Le soleil, avant de disparaître, laissait traîner de la lumière sur les pelouses étroites et rondes et sur les deux statues de marbre d'Endymion et de Dante, cachées sous la draperie rousse des frênes.

Il y a fort peu d'Annamites très beaux; Loi-Dinh était un de ces rares exemples; ses traits étaient presque d'occident; ses yeux se bridaient à peine. Il paraissait avoir quinze ans, comme tous ses compatriotes.

Il avait été exilé depuis trois ans par l'Empereur Kaï-Dinh pour avoir refusé la main d'une princesse choisie par ce dernier. Il était venu se réfugier dans ce quartier de Passy. Les femmes l'avaient lancé immédiatement et se faire peindre par Loï-Dinh était aussi prisé que par Van Dongen ou Fujita.

L'Annamite avait décoré les murs de son studio de paysages indochinois, fresques naïves aux couleurs amusantes.

Son exposition chez Bernheim lui avait valu un renom merveilleux parmi les snobs. On allait voir aussi ses portraits aux Quatre-Chemins. Deux grands divans tendus de moire grise meublaient la pièce. Sur une table basse en bronze, un grand bocal, où sommeillaient des poissons roses et argent...

Le jeune prince, lassé de regarder au dehors, venait de se jeter sur un des lits de repos, lorsque le timbre retentit : c'était la baronne Wilhelmine Van Prösseun, celle qui venait de faire fuir les autres... On était prévenu... Tous les soirs, vers 6 heures...

Elle souleva la draperie de brocart gris et s'arrêta sur le seuil, pâmée, reproduisant sans le vouloir l'attitude de son portrait par l'Annamite : la main crispée sur l'étoffe, avec, perché sur son épaule, un paon blanc, nain comme un pigeon par l'abus du wisky : « ça sent l'automne, aujourd'hui, fit-elle de sa voix gutturale ». Une dentelle de soie olive enrobait son corps épaissi par la cinquantaine. Elle enleva son feutre pour donner de l'air à ses cheveux blancs coupés. Elle avait l'aspect sanguin et musclé des Allemandes du Nord, avec le regard désabusé de ces femmes lassées du poids de leur beauté indiscutable. Elle éprouvait pour le jeune Annamite une passion quasi-sauvage, analogue à celle des petites filles qui tremblent de briser leur poupée : elle paraissait, comme elles, jouer délicatement avec lui.

Venue passer quelque temps à Paris pour renouveler sa garde-robe, elle n'était jamais repartie. Elle avait été séduite par le charme étrange de cet Oriental. C'était son petit Bouddha vivant. Quelque part, en Hollande, dans un château au parc entulipé, elle avait un mari, des enfants roses et blancs, abandonnés pour les beaux yeux de Loï-Dihn. Il ne détestait pas d'être caressé comme un joli angora qui s'étire et ronronne lorsque l'on flatte sa fourrure. Dans la pénombre du studio, la baronne répétait au jeune homme, en grignotant son toast : « Les journaux annoncent la neige ; il va faire froid, froid cet hiver. Je grelotte déjà. J'ai envie de t'emmener à Java. J'ai un bungalow tout rouge à dix kilomètres de Sourakarta. Il y a de grands tecks séculaires ; un printemps perpétuel. Sous le soleil javanais, immuablement doux, on vieillit moins vite. Dis oui, mein Loï-Dihn ! » Et ce nom au timbre métallique, résonna à un écho de l'atelier, tel un businnement de guèpe sur la vitre. Un papillon, tout saupoudré de bleu, pénétra dans la grande baie, battit des ailes ainsi qu'une paupière anxieuse, puis retourna dans le jardin.

Mais il n'écoutait plus la Hollandaise. Sa petite figure avait la gravité triste des idoles d'Orient. Cependant que Wilhelmine lui décrivait de sa voix rauque où les *r* roulaient, les charmes de l'île lointaine, il s'en allait ailleurs, emporté par les rêves... il songeait à l'engourdissement fébrile des nuits annamites... dans les cases sur pilotis au-dessus des canaux des rizières qui, sous la lune, ressemblaient à un immense squelette de cage thoracique, le boy fait grésiller le dross, en baillant près de la lampe... les sampans minces et rapides, comme des lévriers, filent sans bruit derrière la frise des paluviers..., des poubaos et des poussaos chantent et jouent du Kéne, sous les manguiers qui sentent la thérébentine... le tigre aboie dans les fourrés chauds... les serpents jouent du thyrse dans les broussailles.

« Loï-Dinh ! mon petit ! tu n'es pas avec moi, pourquoi crisper ton front ! ton regard fixe me trouble. A quoi penses-tu, gosse ! »

Le prince essaya de sourire ; mais ce ne fut qu'une grimace triste : « Je sens depuis quelque temps un grand froid m'envahir. J'avais hâte de les voir partir, ces gens qui se prétendent mes amis. J'ai envie de dormir pour toujours. »

Il se leva d'un bond, pour aller s'accouder à la baie. Le vent soufflait doucement, amenant l'odeur âcre et humide des chrysanthèmes. « Allons fumer », dit-il froidement.

Elle l'avait suivi dans un réduit étroit, tout bas, assez large pour deux corps et dont les murs étaient tendus de velours bleu. Un plafonnier de jade répandait une lumière suffisante. Le prince mit un kimono citron, et après les gestes rituels, tendit une pipe à Wilhelmine.

« Tu ne m'aimes plus, Loï-Dinh. Et pourtant, j'ai tout laissé pour toi, préférant devenir une femme maudite ; il y a réellement des moments où tu n'as pas plus de conscience qu'un enfant, qu'un bébé fragile ».

« Oui, qu'un bibelot précieux, rétorqua-t-il sèchement. A quoi bon vous aimer, alors que vous ne me considérez pas comme un homme. Je suis chose aimable à caresser, mais il y a trop longtemps que vous jouez à la poupée avec moi. Le ressort est cassé. Vous entendez, jolie baronne : vous êtes une fille des brumes ; moi, une créature d'Asie. Nos pays sont bien loin l'un de l'autre ; nos cœurs sont faits à leur image. Pardonnez-moi d'être méchant. Ne pleurez pas. Il y a d'autres jouets chez le marchand. Fumez une troisième pipe ; vous oublierez. L'oubli ! mais c'est quelque chose de si puissant, de si prenant ».

Dans l'obscurité de la pièce, le prince sentit' qu'il serait doux de mourir, maintenant.. Il sortit de la fumerie. Sous le coup de l'opium. il eut l'impression de glisser sur le tapis, irréel, tel son propre fantôme. Dans le jardin, il faisait très noir, le vent soufflait plus fort charriant des feuilles. Des phares d'auto éclairaient de temps à autre la statue d'Endymion. Loï-Dinh sauta par la baie, attiré par le marbre grec. Ce jeune Dieu emblême antique de beauté se tenait pensif au coin d'une allée. Il regarda longtemps le visage précieux de l'adolescent, pour remplir ses yeux d'artiste d'un reflet d'idéal. Puis sortant de sa poche un long poignard à manche d'écaille, il l'enfonça dans sa poitrine en poussant très fort des deux mains. Les paupières battirent, affolées comme les ailes du papillon nocturne de tout à l'heure ; ses lèvres s'entr'ouvrirent pour respirer un peu de fraîcheur. Puis, entourant de ses bras les jambes de la divinité, il se laissa tomber tout doucement au pied du socle, en murmurant le premier vers d'un vieux poème annamite.

Une rafale de feuilles vint brutalement le fouetter au visage. Le petit prince Loï-Dihn gisait sans vie, pantin charmant et disloqué dans sa soie jaune, un sourire de poupée aux lèvres, et regardant encore de ses yeux morts la statue d'Endymion !...

L'inconstante Juana

Les valets aéraient les salons. Sur la table de marbre, attiédie d'une résille d'argent, une marquise vénitienne raflait tous les sandwichs restant (on est pauvre à Venise !).

Les Viennoises du jazz-band, dans un tumulte de girls de music-hall, étaient montées se coucher, dans l'aile nord du château.

Il ne restait plus que Stéphane Murcie, un de ces fades snobs de série, infatigables, des caravanes de la mode, roulant de capitale en plage, à époque fixe, accomplissant leurs randonnées convaincus, mais moroses, pour retrouver chaque fois les mêmes grooms de palaces, les mêmes employés du sleeping. Il errait de salon en salon, respirant ce « parfum frivole et tragique », dont parle un poète moderne et qui flotte, après les bals, dans les pièces désertes. Il rêvait à son existence stupide.

Cette nuit dans ce château des environs de Venise, demain, dans un pallazio de la lagune, après-demain... Oh, non !...

Accablé, il allait s'étendre sur le divan d'une loggia persane, lorsque celle que l'on appelait, dans les papotages internationaux, la femme en lamé mauve, fit irruption. Sa cape de plumes de perruches était rejetée, bas sur ses épaules : Juana Obscedo, une andalouse des mêmes caravanes : « Tiens, qu'est-ce que vous fichez là ? Je cherche partout mon éventail. Dieu ! la drôle de bobine, vous faites. »

On chercha longtemps, bouleversant des fauteuils, des canapés, des guéridons, et l'on finit par trouver la grande plume de goéland, dans un coin du salon de musique : Elle était écrasée sous un kilo de caviar, tombé sans doute du cabas d'une grande dame de Venise : « A propos, comment rentrez-vous ? Je me suis disputée avec les Moïse : ils sont partis sans moi. Quelle vie, por dios ! »

A ce moment, dans le grand hall tout vide, la mule de raffia d'une viennoise du jazz-band, réveilla les échos des murailles assoupies. Un petit rire frais coula de la bouche de la jeune fille. Un groïndal de quinze jours laissait passer sa tête de peluche noire, par une poche du pyjama. L'air sentait le parfum décomposé, la sueur refroidie, l'abdulla, et surtout.. l'ennui. « Che ne sais plus ou ch'ai fourré le piperon ! dit la petite fille du Danube, en courant sur le tapis comme un bengali. »

— « Mais sur un âne, répondit Stephan à l'Espagnole, sans se douter du quiproquo ». La backfish du jazz, esquissa un pas de charleston, le corps plié comme un roseau par un éclat de rire, puis disparut, derrière une porte vitrée. « Mais oui, chère amie, sur un âne. J'en ai deux petits d'Egypte : vous savez, ces miniatures d'aliborons, gris comme la fumée et la souris, avec, sur le dos, une croix brune, sur lesquels les officiers anglais vont aux Pyramides, en laissant traîner leurs longues quilles sur le sable.

« Je puis vous offrir celui de mon guide, si cela ne vous effraie point.

« Mon petit bonhomme marchera devant avec son bâton de merisier. Il nous chantera quelque sérénade vénitienne pour éloigner les mauvais génies de la route : sera-ce assez biblique, ma chère ? C'est un pari que j'ai fait hier au Florian, avec le major Armington : Chère belle amie, vous me voyez navrée de ne pouvoir vous offrir un pur-sang aussi beau que celui sur lequel Byron galopait au Lido. Et il n'y y plus de tramways pour rentrer à l'Excelsior. Trop tard et trop tôt ! Alors, c'est oui ?... »

Une de ces nuits vert-amande comme en chantent si bien Henry de Régnier ou la comtesse de Noailles. La femme en lamé mauve, monta à califourchon, sur son petit coursier d'argent, puis, s'adressant à Murcie, en tirant son collier de saphyrs : « Caro, dites-moi vite quelque chose, avec cette voix aussi bronzée par le Lido que votre visage, ce timbre cuivré qu'aimerait d'Annunzio. Dites vite le dernier potin du Florian, sans cela, j'ai tellement le noir que je ne pourrais pas aller chez la princesse de Polignac. »

Sur l'autre âne, Stéphane contemplait la lune, jade blanc égaré parmi les gemmes du ciel, puis avec la voix de métal, et mettant sous son bras, une canne-fusil, nécessaire paraît-il, pour mettre en déroute les « vamps » : « Oh ! Juana, les potins ! Je ne veux plus en savoir. Jusqu'à présent, j'étais celui qui les glanait avant les autres, pour les offrir, virtuose de l' « on dit », aux belles affamées, aux toqués dont nous faisons partie. Ma petite Obscedo : voyez-vous, dans cette clarté hyaline de nocturne italien, je me sens brusquement différent : c'est-à-dire, plus moi-même. Mais enfin : vous ne remarquez pas que nous vivons comme des idiots, comme des idiots, parfaitement, des gens bien moins intéressants que ce berger bouclé, échappé d'une toile de musée florentin et qui précède nos monture en fredonnant *Santa-Lucia*. Ainsi... ».

— « Mais c'est curieux Stéphane, j'ai la même pensée... C'est vrai. Quand on pense à tout ce que nous faisons chaque jour, chaque nuit, à tous les fous, qui, comme nous... »

— « Oui, tous ces fous, c'est le vrai mot, coudoyés un mois par ci, aimés un autre par là, dont on a suivi un temps les excentricités, puis qu'on oublie : ils disparaissent, pantins épuisés, loin de leur vie passée, dans quelque château délabré, ou maison de santé.

« Cela me fait penser à cette madrilène de Biarritz qui menait notre vie de chemineaux des trains bleus. Est-ce par dégoût, ou chagrin d'amour, qu'elle est tombée dans le bambou ? Tout le jour elle rêve dans sa fumerie, ne pouvant sortir que passé minuit. A la même heure, tous les soirs, elle se lève, comme hallucinée, et, malgré la température, ne mettant sur son corps nu, qu'un châle de son pays, la voilà partie à toute allure dans sa cinq chevaux vers la frontière espagnole. Elle m'a emmené bien des fois, dans ses « aérations », comme elle disait, où son cerveau pouvait se rafraîchir dans la houle du large. A un endroit de la route, elle bifurquait, tout près d'Ascain, et s'arrêtait au milieu d'une prairie. Là, dans l'arôme de l'herbe mouillée, elle restait une heure, offrant sa nudité, tour à tour, à la brise d'avril, au vent fiévreux d'août ou au brouillard de janvier. Et jamais elle n'a eu la moindre congestion : un corps démoniaque, je crois. Oh ! pauvre Isabela, que fait-elle à cette heure ? Pourrit-elle doucement sous la croix d'un cimetière basque ? Gémit-elle au fond d'une clinique londonienne, ou bien repose-t-elle, morte, dans sa Citroën blanche, au milieu de sa prairie nocturne ?

« Et cette Hermione Blews, aux goûts faisandés, dont j'avais fait la connaissance à Wiesbaden, chez le coiffeur de l'Hôtel Rose, dans le parfum sensuel des shampoings et des Khasanas. Elle n'a pas donné dans le bambou, celle-là. Mais, passés trente-huit ans, après quelques scandales, elle s'est détraquée elle aussi.

« Elle court le monde après de jeunes bohémiens dont elle aime l'étreinte dans le fossé des routes nationales. Elle part, la nuit, dans sa Daimler, le visage crispé, inquiète, tout son être tendu vers la proie recherchée. Je me souviendrai toujours la dernière conversation que nous eûmes ensemble, à Baden-Baden, en juillet dernier : ce Baden-Baden que ne reconnaîtraient plus ses habitués de jadis : les Musset, Païva, les Segan, etc... C'était à un bal cubiste donné chez la femme d'un marchand de cigarettes autrichien, par une princesse italienne. Pendant que les fous dansaient dans les salons, style Kroll, en des tenues à faire délirer Cocteau et Jean Hugo, elle me contait sa dernière aventure : une soirée passée aux environs de Cautrets, sous une arche du Pont du Roi, en compagnie d'un gipsie. Le Gave déversait son chant millénaire. L'écume se brisait aux rocs, poudrant d'eau leurs épaules. Il y avait des odeurs puissantes de menthe, de chèvres et de pierres suintantes. Dans la nuit pyrénéenne, que ne venait plus troubler le grondement des autocars de Gavarnie, elle vécut des heures uniques, magnifiées par la plainte rauque du torrent, le tintement frais, aussi frais que la voûte et la vallée, des clochettes de brebis, passant en troupeaux fantômes sur la route enneigée de lune. Il paraît que le bohémien l'énerva à tel point, que, prise de folie, elle le précipita dans le Gave en bouillons, où, naturellement il se noya : « ... And that's all, conclut-elle simplement, en me demandant du feu pour ranimer son cigare éteint, cependant que derrière nous, un prince silésien dont le père fut mêlé au procès Eulenburg riait en homme-sandwich de « Parade ».

« Eh bien, voilà, Juana, où cette vie nous mènerait : des détraqués d'un autre genre.

« Ecoutez-moi · je rêverais d'une montagne aussi mauve que votre robe, aussi jolie que celle d'Assise, ou bien, aussi tragique et brûlée, que le Mont-Thabor où l'on se recueillerait après toutes ces extravagances.

« Dans un air toscan ou sicilien, la belle cure de désintoxication ! Ah, qu'il est plus heureux que nous, le guide bucolique aux doux yeux bruns. Sa voix enfantine monte dans la brise vénitienne comme celle d'un bouvreuil.

« Regardez : bientôt il fera jour. Voyons, blague dans le coin, accepteriez-vous ceci : ne plus rentrer à Venise, jadis romantique, mais maquillée maintenant par nos caravanes, en Deauville prétentieusement byzantin, créée par le mauvais goût de quelque croquant. Laissons venir l'aurore, petite Obscedo, et faisons-nous conduire jusqu'à une gare rose, où un train de poupée, parmi des maïs frétillants comme des petits chiens, des métairies aux odeurs fruitées, nous conduira vers quelque village perdu, et resserré autour de son campanile.

Au flanc de la fameuse colline, mauve ou brûlée, nous aurions une jolie « casa », où les fenêtres, en s'ouvrant, écraseraient les raisins du mur. Nous aurions ces gentils ânes d'Egypte pour nous promener. Ce berger virgilien nous accommoderait des plats simples, à l'antique. Puis, guéris, nous redescendrions vers les mauvaises villes, mieux armés pour une existence saine, inteligente. »

« Vous êtes merveilleux, Stéphane. J'ai songé bien souvent à tout cela. Libres, délivrés des soucis ridicules de notre monde spécial, comme on serait content. C'est égal, nous devons faire, caro mio, un drôle d'effet sur nos montures évangéliques, moi en lamé, vous en smoking, à quatre heures du matin, sur une route de Vénétie, précédés d'un pâtre d'Eglogue. Voyez-vous ce tableau, reproduit par Van Dongen, au prochain salon ? Il faut que je lui en glisse un mot. Oh ! voulez-vous, par favor, revisser mon talon de diamants que je vais perdre. « Mais dites-moi, cette aube digne de Véronèse aux reflets madarine, grenade et citronnés, mais c'est celle de notre nouvelle existence. Elle me fait songer tout à coup, à une gravure en taille douce que j'ai vue chez d'Annunzio, dans une édition rare de l'Emile, celle de la Profession de foi du vicaire savoyard. Ouf, voilà la station de tramway. Je vais dormir sur ce banc. Et flut, pour les employés, si ma tenue les gêne !.... »

Au même instant, un long tramway jaune. arrivait, précédé d'un fracas de sonneries, de ferrailles et de vitres entrechoquées. Ce bruit amena dans les yeux de l'Espagnole une lueur bizarre. Le watman, voyant que personne ne se dérangeait, faisait tourner son gouvernail et repartait, lorsque Juana Obscedo, telle la perruche géante d'un théâtre de marionnettes, courut, entraînée longtemps par la voiture, avant de disparaître à l'intérieur.

Image de l'inconséquence et de l'inconstance féminine, dégrisée d'un coup, laissant tout son beau courage, elle abandonnait son compagnon à ses chimères d'autre vie.

Pendant ce temps, sous la prunelle attendrie du moderne Tityre, les aliboron gris braillaient affreusement dans la fraîcheur du matin !

La Nuit Prolétarienne

« On ne pense pas suffisamment au peuple, déclara gravement Kylan Berg. »

Cette phrase, lancée, après dîner, dans l'atmosphère doïstcïevskienne du salon, surprit les personnes de la pension de famille. Le vieux monsieur de Genève qui passe ses journées à la Bibliothèque Nationale, sortit de sa léthargie, l'œil intéressé. Trois générations anglaises qui jouaient au bridge levèrent des nez brûlés par le soleil. Des douairières sourirent intriguées.

Kylan Berg, étudiante suédoise était venue suivre les cours de la Sorbonne. Elle avait cette beauté saine, musclée et simple des Scandinaves. On aurait dit une fée. Son père, officier de la garde, habitait aux environs d'Elsingborn, un château très ancien, environné de tours à coupoles bulbeuses. La déclaration de la jeune fille avait réveillé ses compagnons somnolents. La princesse Irène Gercheski, d'abord, grasse, brune et fatiguée par sa journée de massage dans un institut de beauté de la rue de la Paix, eut une moue désabusée. Maurice Holte, son fiancé, courtier d'une maison de couture des Champs-Elysées, passa une main trop fine sur ses joues amaigries par les nuits blanches des sleepings européens. L'amant de la Suédoise, complétait le quatuor. C'était un homme de moins de trente ans, au visage poupin, rêveur : un vague sous-Morand en période de stérilité.

« Si l'on pensait au peuple un tout petit peu plus, on éviterait bien des révolutions. Votre époque stupide envoûtée par les nègres, me dégoûte âprement. Je dînais, il y a huit jours avec des amis londoniens. Le mari est un leader travailliste qui a fait parler de lui lors du ministère Mac Donald. C'est lui qui a fortifié ce goût de me pencher sur la masse. Vous ne pouvez vous imaginer la consolation que j'y ai trouvé. »

En même temps, ses yeux s'embuaient de larmes :

« Vous allez me juger bien rabat-joie. Cependant quand je songe, chère Irène, aux vieilles toquées dont vous tiraillez la peau toute la journée, qui dépensent des milliers de francs, afin de garder un teint éternellement crépi de frais, j'estime que ces billets de banque soulageraient bien des jeunes femmes de banlieue, dont les yeux et la bouche se sont marqués précocement. Elles ont, elles des rides glorieuses, que le labeur journalier a tracé. Je vous vois sourire intérieurement. Vous croyez entendre une illuminée. Et n'allez pas vous imaginer que j'ai attrapé un coup de soleil de minuit dans mes fjords. Non. C'est le résultat d'une conversion. Il y a deux ans j'étais encore une jeune fille frivole : née dans un grand château, au milieu d'un tas de domestiques, avec des centaines d'hectares environnants. Mes parents vivent dans une ambiance mediévale, insouçiante, égoïste. Il a fallu que je vienne poursuivre mes études à Paris pour que mes yeux se décillent. Je suis certaine que vous gagneriez beaucoup à vous intéresser au peuple. Vous, princesse russe, obligée de travailler, vous puiseriez un réconfort : celui de voir plus malheureux que vous. Vous vous plaignez souvent. Mais votre tâche est infiniment agréable. L'atmosphère légère d'institut de beauté vous convient à merveille. Vous y retrouvez ce parfum de vie facile où vous vous agitiez autrefois. Il est nécessaire de réagir contre ces nègres envahisseurs. Le péril noir est plus à craindre que le jaune, car il a déjà chez nous des racines fortes. Nous ne pouvons nous passer de leurs musiciens dans les dancings, de leurs exhibitions aux music-halls. Les snobs veulent se noircir au soleil dans des tenues de sauvages africains. La littérature s'en fait le champion. Les caricaturistes voient déjà tout en noir. Notre courbe dégringole. Si cela continue, les nègres renverseront les rôles : ils feront de nous leurs esclaves. Revanche rationnelle. »

— Vous voudriez donc mette le peuple à la mode fit narquoisement le courtier en robes. En sortant du Ciro' s ou du Ritz, on ira faire la tournée des Banlieues. Désertant Montmartre et ses bals musettes, il y aura les dancings prolétaires, les cinémas, les théâtres du peuple. Dites, Kylan, seriez-vous disciple de Lénine ? »

— Vous, jeune homme, vous allez un peu loin. La banlieue ne sera jamais sillonnée par les autocars. Vous serez difficile à convaincre, ironique français. Vous allez du moins servir à quelque chose. Nous languissons dans ce salon. Je vous propose donc une promenade aux alentours de Paris, dans cette zone qu'un Jésuite remarquable essaie d'évangéliser en ce moment. Dans le cabriolet de Holte, nous pourrons nous caser. Au lieu d'aller finir bêtement notre soirée au Paramount ou à l'Embassy, nous irons au peuple. Etes-vous d'accord ? »

Tous aquiescèrent, intéressés.

Le vieux monsieur de Genève qui allait se coucher déclara dans un style biblique : « Heureux le père qui vous engendra et la mère qui vous féconda. »

Ayant dit, il salua tout un chacun et s'en fut, à pas menus, vers l'ascenseur

*
* *

Kylan s'était mise devant à côté de Maurice pour indiquer la route, tandis que la princesse s'était installée dans le spider avec Robert Doualle.

Une averse, qualifiée d'Atlantique par le conducteur qui avait l'habitude des traversées, rafraîchit la chaussée brûlante d'août. Mais, après la place de la Concorde, lac sombre d'un autre Versailles, l'eau cessa de tomber.

— Où nous menez-vous, soleil-de-minuit, demanda Maurice ?

— D'abord Saint-Cloud, Suresnes, puis Bobigny, si cela vous chante. »

Le Bois exhala bientôt son odeur âcre de feuillages mouillés. Prophétesse moderne, Kylan humait puissamment l'air nocturne. Elle avait besoin de tant de force pour mener à bien l'œuvre qu'elle s'était assignée. Se poser à vingt ans comme championne du peuple est bien hardi. Elle a suivi non seulement les cours de la Sorbonne, mais les conférences contradictoires du club du faubourg, les enseignements de Barbusse, de Berlage. Un été à Wiesbaden elle a été remuée profondément par les doctrines de Gorki. Elle est d'avis, avec eux, que la « période bourgeoise » où nous vivons actuellement, sera peu à peu remplacée par l'époque prolétarienne. Le système du plissement hercynien. Le cycle de l'ouvrier balaiera celui du nègre. Reprenant la phrase de Trotski, qui montre que la grandeur morale de la révolution prolétarienne, est dans la création d'une société sans classes, principe des trains américains, elle voudrait amener Robert à porter, lui aussi, sa pierre à l'édifice. Il pourrait la seconder par sa plume. Il se laissera convaincre facilement. Il est important d'amener l'élite à se tourner vers les masses. Quand donc des jeunes écrivains écriront des œuvres dans le goût du Ciment de Gladkov, la Semaine de Lebedinski, reflets des apirations de cette classe méprisée. Déjà, dans sa tête, elle imagine son amant, se liant avec tous les représentants actuels de la littérature prolétarienne : Toussel, Guilloux, Rémy. Il voyagerait pour se mettre en rapport avec les champions étrangers : Léonard Franck, Petzold, Volker et ce grand vagabond de la pensée, qu'est l'auteur de Kyra Kyralina.

— Quel est votre livre de chevet, demanda le courtier en robe ? »

— Upton Sinclair, s'écria la Suédoise en ramenant sa fourrure autour du cou. C'est un enfant de la misère. Cet anachorète qui écrivit les plus belles pages de son œuvre dans un cottage construit par lui, en pleine forêt, mais c'est tout simplement sublime. Son livre de la Jungle est un de ceux que je préfère. Ce porte-parole du prolétariat américain dont le talent s'apparente à celui de votre Zola a révélé non seulement la situation sociale si navrante des ouvriers aux Etats-Unis, mais dans le monde entier. J'ai grande confiance en lui. »

— Vous êtes très calée, je vois, Fraülein Berg.

—Arrêtez, dit-elle, tout à coup.

Au delà d'une prairie, grise de détritus, dominant les affiches monstres, publicités d'huiles ou de macaronis, se dressait un long bâtiment blanc, dont les multiples fenêtres éclairées, lui prêtaient dans la nuit, l'aspect d'un paquebot en pleine mer ou d'une réalisation curieuse de Mallet-Stevens.

— Regardez ce transatlantique de ciment armé, tout feux allumés. Ses entrailles ne sont que poison. Jour et nuit, des ouvriers respirent le chlore et autres produits chimiques dont

ont fait les gaz asphyxiants des guerres futures. Ils sont tous poitrinaires. A l'heure du Grand Soir, je viendrais contribuer à faire sauter cette fabrique de mort. Ces pères de famille aux poumons viciés, rentrent chez eux, imprégnant leur foyer de microbes dangereux. Leurs femmes, leurs enfants sont forcés de les respirer. A quoi bon tout cela ? Si Rabindranath Tagore était là, ce soir, il répèterait cette belle phrase de sa Religion du Poète : « L'Europe est occupée à organiser une paix faite par la machine qui ne cesse de nourrir en Orient, par ses iniquités l'énergie souterraine du tremblement de terre. ».

— Qu'en dites-vous, Irène ? Pensiez-vous à l'existence de ces condamnés à mort ? ».

Le spectacle était grandiose :

— On dirait une aurore boréale, un soleil de minuit, déclara Doualle. Je vois déjà un roman à thèse, une pièce de théâtre pour les Champs-Elysées avec Pitoëff et... »

— N'y vois-tu pas autre chose, Robert. Tu devrais venir méditer chaque soir ici, devant cette usine de produits chimiques. Tu trouverais peut-être l'émotion profonde qui manque à ton œuvre. Ton style habillé d'images modernes ne suffit pas. Tout ne réside pas dans les mots. Il faut de la sincérité. Il n'est pas bon d'imaginer toujours, car bientôt l'invention ne peut plus donner. Crois-moi tu ne seras bien grand que lorsque tu auras bien regardé la masse ouvrière. Il te faudrait un grand choc, u nbouleversement. Cela viendra plutôt qu'on ne le croit. Un de mes projets est de créer un théâtre populaire, m'inspirant de Witold Wandurski. Il faudra m'écrire une pièce.

Ourdi merveilleusement dans l'ombre, ce coup de balai prendra son clan dans un avenir prochain. Et si chacun de vous peut apporter son intelligence, sa bonne volonté, son cœur à la cimentation de l'union et de la justice sociale, ce pourra être une œuvre durable. « Celui qui est fort servira les faibles afin qu'ils puissent devenir forts. Il vouera sa force non à humilier et à dégrader ses semblables plus faibles, mais à leur fournir l'occasion de faire d'eux-mêmes des hommes au lieu de se faire esclaves ou bêtes ».

Sur ces phrases touchantes empruntées à Jack London, Kylan Berg se tut.

Sa silhouette de fée des fjords se dessinait devant le mirage dantesque de l'usine. Des flammes montaient hautes, dans le ciel bouché, sortant de sa grosse cheminée.

Elle pouvait être heureuse.

Ses accents vibrants lui avaient gagné trois nouveaux disciples, dont les yeux légèrement voilés par des larmes, essayaient de pénétrer le mystère de cette nuit prolétarienne.

Coblence 1923.   Aurignac 1928.

Table des Matières

IMPRIMERIE LANGUEDOCIENNE
1, RUE DE CONSTANTINE, 1
— — TOULOUSE — — —

www.ingramcontent.com/pod-product-compliance
Ingram Content Group UK Ltd.
Pitfield, Milton Keynes, MK11 3LW, UK
UKHW022036070726
13613UKWH00002B/545